Colección  StuG3

LAS GARRAS DEL DRAGÓN

TANQUES Y BLINDADOS DEL KUOMINTANG
1928-37

ANTONIO SOTO BENITO

GALLAND BOOKS editorial

www.gallandbooks.com

Título original: Las garras del dragón. Tanques y blindados del Kuomintang 1928-37
Primera edición: octubre 2025
ISBN: 978–84-19469-98-4
Depósito legal: DL VA 447-2025
Diseño y maquetación: Boca Multimedia
Tratamiento de imágenes: Paco M. Queipo
Imprime: Rudelgraf
Impreso en España

Introducción

L a Segunda Guerra Chino-Japonesa[1] (1937-45) fue un conflicto que se desarrolló en la China continental tras el Incidente del Puente de Lugou o Marco Polo —ocurrido el 7 de julio de 1937—, el cual se entrelazó con la Segunda Guerra Mundial a partir de 1941, cuando Japón declaró la guerra a varias naciones involucradas en ella. Millones de combatientes fueron movilizados por la República de China[2] para hacer frente a la agresión japonesa, a los que logró armar, equipar y abastecer de municiones gracias a su industria, a pesar de que muchas de sus fábricas tuvieron que ser trasladadas ante el avance enemigo. A este esfuerzo se sumó la llegada de modernas armas y suministros desde el extranjero, que fueron determinantes para continuar la lucha.

Arriba. Soldados chinos apostados en el Puente de Lugou, también conocido como de Marco Polo.

Página siguiente, abajo. Caricatura publicada en la prensa francesa en 1898, donde se representan las ansias expansionistas de la Inglaterra victoriana, Alemania, Rusia, Francia y Japón, que pretenden repartirse China como si fuera un pastel.

Sin embargo, antes de analizar los diferentes tanques y blindados con los que la República de China combatió durante el primer año de guerra —tema central de esta obra—, repasaremos brevemente su historia desde la llegada de la dinastía Qing al poder para comprender ese periodo.

La dinastia Qing hasta su caida

Tras su ascenso al poder en 1644, la dinastía manchú Qing condujo a China a su mayor extensión territorial a mediados del siglo XVIII, a cuyo poder rendían tributo una gran cantidad de estados.

1.- En China se la denomina Guerra de Resistencia contra la Agresión Japonesa.

2.- Entonces gobernada por el Kuomintang (Partido Nacionalista Chino), también se la conocía como China Nacionalista.

No obstante, el inicio de su declive podría situarse en las últimas décadas de ese mismo siglo, cuando una parte significativa de la sociedad china encontró refugio en movimientos religiosos milenaristas. Este fenómeno, unido al descontento por la corrupción de los funcionarios imperiales, favoreció el estallido de la devastadora Rebelión del Loto Blanco (1797-1804), que puso fin al mito de la invencibilidad de los manchúes. A este duro golpe se sumó el creciente consumo de opio durante el siglo XIX, cuyo contrabando[3] invirtió la balanza comercial a favor de los occidentales, quienes lo monopolizaban. Como remedio a las consecuencias que el consumo de esta droga causaba en la sociedad y economía chinas, se decidió emprender una agresiva guerra contra el narcotráfico, la cual condujo a la Primera Guerra del Opio (1839-42). Las condiciones de paz[4] que los británicos impusieron a los chinos, tras derrotarlos de forma humillante, marcaron el inicio del rechazo hacia la dinastía Qing —responsable de la enorme corrupción y escasa modernización— y los manchúes —comunidad que concentraba el poder político, militar y económico—.

El malestar popular, combinado con inundaciones y sequías, creó el caldo de cultivo adecuado donde eclosionaron una serie de cruentísimas y devastadoras rebeliones[5] que, junto a la Segunda Guerra del Opio (1856-60) contra británicos y franceses, dejaron a China en un estado de extrema debilidad, la cual fue aprovechada por el Imperio Ruso para apoderarse de grandes extensiones territoriales en Asia Central, Manchuria y la isla de Sajalín. Aunque se impulsaron reformas modernizadoras, estas llegaron tarde y resultaron insuficientes para hacer frente a las siguientes agresiones extranjeras, que arrastraron a

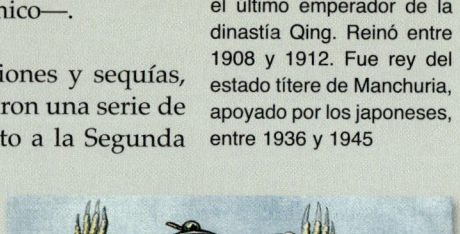

Arriba. Puyi (1906-67) fue el último emperador de la dinastía Qing. Reinó entre 1908 y 1912. Fue rey del estado títere de Manchuria, apoyado por los japoneses, entre 1936 y 1945

3.- Su cultivo y comercio fue prohibido en 1796.

4.- Tratado de Nankín (29 de agosto de 1842). China debería pagar 21 millones de dólares de la época en diferentes conceptos de reparaciones, ceder la isla de Hong Kong y abrir a los comerciantes británicos los puertos de Amoy, Cantón, Foochow, Ningbo y Shanghái.

5.- Rebelión Taiping (1850-64), Rebelión Nian (1851-68), Rebelión Panthay (1853-73), Rebelión Miao (1854-73), Guerra de los Clanes Punti-Hakka (1855-67) y Rebelión Dungan (1862-77). Solamente en la Rebelión Taiping murieron entre veinte y treinta millones de chinos. Tras estos conflictos, la dinastía Qing quedó tan debilitada que nunca volvió a ejercer un control efectivo sobre el país.

Top map:

Sajalín

Imperio Ruso

Irkutsk Niérchinsk

Kanato Kazajo

Qiqlhar

Urga Haishenwel

Ürümqi Jilin

Turfán Ha-mi Shenyang

Imperio del Japón

Aksu

Yarkand Hohhot Beijing Pyongyang

Biojing Corea

Khotan Yinchuan Tianjin Seúl

Mar del Japón

Osaka

Xining Tai-yuan Shijiazhuang Tsingtao Nagasaki

IMPERIO DE CHINA
Dinastía Qing
1780

Imperio Chino

Lanzhou Kaifen Mar Amarillo

Xi-an Nankin Shangai

Nepal Lhasa Hanghzhou Ningpo

Katmandu Chengdu Ichang Wuhan Nanchang

Bután Chongqing Nanchang

Sikken Thimpu Ahom Guiyang Changsha Fuzhou

Venares Manipur Guilin Taipei

Imperio Maratha

Bengala (Británica) Guangzhou

Calcuta Kunming Nanning Macao

Amapura Guilin

Konbaung Thang Long Haikou

Circares del Norte (Británica) Prabang Heifong Hainan

Golfo de Bengala Dai Viet

Pegu Lanna Vientiane Hue Mar de la China Meridional

Filipinas (España)

Rattanokosin Vientiane

Bankog Champasak Camboya

Océano Pacífico

Bottom map:

Territorio chino anterior a la dinastía Qing

Pérdidas territoriales 1840-1911

A - Al Imperio Ruso
B - Al Imperio Británico
C - A Francia
D - Isla de Sajalín. Cedida a Rusia en 1858, quedó dividida entre rusos y japoneses tras la Guerra Ruso-Japonesa de 1904-05.
E - A Japón

1858 A D

Sajalín

1900

1860 A Heilongjiang 1860

1883 Sezen Kan Jilin

A 1864 Mongolia Interior Shengjing

1895 Sinkiang Zhili

IMPERIO
Qing en 1911

Shanxi Shandong

1840 Qinghai Gansu Jiangsu

B Shaanxi Henan Anhui

Tsang Sichuan Hubei

Tíbet Kham Zhejiang

B 1890 Litang Jiangxi

Hunan Fujian

Guizhou Guandong

Yunnan Guangxi

1886 B

1885 C

Hainan

E Taiwán

Presencia extranjera en China por naciones en 1905

Concesiones y Posesiones:

Alemania en Hankou, Tianjin y Tsingtao.

Austro-Hungría en Tianjin.

Bélgica en Tianjin.

Estados Unidos de América en Tianjin.

Francia en Cantón, Hankou, Shanghái, Tianjin y Zhanjiang.

Inglaterra en Amoy, Cantón, Hankou, Hong-Kong, Jiujiang, Tianjin, Zhenjiang y la isla de Liugong.

Italia en Amoy y Tianjin.

Japón en Dalian, Chongqing, Hangzhou, Hankou, Shashi, Suzhou y Tianjin.

Portugal en Macao. Fundado el 14 de agosto de 1556, era el asentamiento extranjero más antiguo.

Rusia en Dalian, Hankou, Tianjin, Zhenjiang y la península de Liaodong.

Asentamientos Internacionales:

Barrio de las Legaciones de Pekín. Un territorio de tres hectáreas que albergaba las embajadas de Alemania, Austro-Hungría, Bélgica, Estados Unidos de América, Espa-

ña, Francia, Inglaterra, Italia, Japón, Países Bajos y Rusia.

Asentamiento Internacional de Shanghái. Establecido en 1863 mediante la unión de las concesiones territoriales de Inglaterra y los Estados Unidos de América, en su gestión participaban varías naciones que para los años treinta se habían reducido a catorce.

Asentamiento Internacional de la isla de Kulangsu. Para evitar que los japoneses intentaran apoderarse de ella tras la derrota en la Primera Guerra Chino-Japonesa, en 1902 su administración fue cedida a diecinueve naciones para que establecieran allí consulados.

En la gestión de los Asentamientos Internacionales participaban naciones que no estaban ligadas al colonialismo en China como Dinamarca, España, Noruega, Suecia, Países Bajos, Méjico o Perú.

China a la Guerra Franco-China (1884-85) y la Primera Guerra Chino-Japonesa (1894-95), provocadas por el expansionismo colonial francés y japonés sobre sus tributarios de Vietnam y Corea. Las duras condiciones que les impusieron los japoneses[6], sumadas a la creciente presencia de concesiones territoriales extranjeras en ciudades comerciales clave, incrementaron la hostilidad hacia los extranjeros y los cristianos chinos, a quienes se acusó —injustamente— de ser colaboracionistas. Esta hostilidad, inevitablemente, desató la Rebelión de los Bóxers (1899-1901), que tras ser aplastada con extrema dureza por las potencias extranjeras, dio paso a una década marcada por convulsiones y rebeliones contra la dinastía Qing y los manchúes, sobre quienes recayó el odio y descontento.

Sun Yat-sen (1866-1925). Primer presidente de la República de China y fundador del Kuomintang, es considerado el padre de la China moderna.

Página anterior. La presencia extranjera en China dejó monumentos y construcciones arquitectónicas destacadas, como las estatuas a los caídos en la Gran Guerra en la plaza de la Regina Elena en la concesión italiana de Tientsin (arriba), y en el Bund de Shanghái (centro), así como la puerta principal de la Legación británica en Pekín (abajo), entre otras.

El 10 de octubre de 1911, una de estas revueltas tuvo éxito cuando miembros del ejército destacados en Wuchang se alzaron contra su virrey, exigiendo cambios inmediatos y la deposición de la familia imperial. La rápida expansión del movimiento revolucionario permitió establecer una capital en Nankín, donde se formó una Asamblea Nacional[7] presidida provisionalmente por Sun Yat-sen, que fue la responsable de proclamar la República de China el 1 de enero de 1912. Para hacer frente a la revolución se nombró primer ministro a Yuan Shikai, antiguo comandante del moderno y poderoso Ejército de Beiyang, cuyos oficiales le eran completamente leales. Sin embargo, en lugar de aplastar la revuelta, actuó como intermediario entre ambos bandos, pues estaba interesado en establecer una monarquía parlamentaria bajo su tutela. Ante el ofrecimiento de la presidencia provisional que le hicieron los revolucionarios, con el fin de alcanzar una paz rápida, forzó la abdicación del emperador, poniendo fin a la última dinastía imperial de China. Entre

---

6.- Tratado de Shimonoseki (17 de abril de 1895). China reconocía la independencia de Corea —que los japoneses se anexionaron en 1910— y cedía al Japón la península de Liaodong, Jinzhou y las islas de Formosa y Pescadores. Ante esto, Rusia, Francia y Alemania iniciaron gestiones diplomáticas para frenar el expansionismo japonés, que lograron que la península de Liaodong quedara en manos rusas —donde estableció la base naval de Port Arthur— y que Jinzhou fuera devuelta a China. Las indemnizaciones de guerra que se impusieron a China ascendían a 150 millones de dólares de la época.

7.- Esta institución republicana tiene su origen en la Revolución Francesa y no emana de ninguna elección democrática. La formación de una Asamblea Nacional por los revolucionarios chinos indicaba el republicanismo jacobino de la mayoría de ellos, quienes iban a reconfigurar su nación y decidir el tipo de gobierno que se implantaría. Posteriormente, los ciudadanos chinos podrían participar en elecciones que refrendarían lo impuesto. Anticipo de lo que ocurrió en Europa Central y Oriental con la descomposición del Imperio Alemán, Austro-Húngaro y Ruso tras la Gran Guerra.

el inicio de la revolución y la abdicación del emperador Xuantong[8], el 12 de febrero de 1912, tuvo lugar una breve y cruel guerra civil con tintes racistas, durante la cual se persiguió a las comunidades manchúes. Esta inestabilidad fue aprovechada por regiones como Fujian, Guangdong, Sichuan, el Tíbet y Mongolia Exterior para declararse independientes.

La Republica de China 1912-16

Una vez finalizada la revolución, Yuan Shikai logró mantener la capital en Pekín —en contra de los deseos de los revolucionarios, que querían establecerla en Nankín por ser su centro de poder—, donde juró el cargo de presidente provisional de la República de China el 10 de marzo de 1912. Las elecciones que se celebraron al año siguiente, restringidas a unos cuarenta millones de chinos con cierto nivel educativo y adquisitivo, sellaron la desafección de la población hacia el nuevo sistema político, al constatar que este los excluía y favorecía tanto a las nuevas élites surgidas de la Revolución de 1911 como a las antiguas. De dichos comicios surgió un parlamento contrario a Yuan Shikai, quien no estaba dispuesto a ceder el poder. Sin embargo, gracias a su control del Ejército de Beiyang y a su capacidad de soborno, se impuso sin dificultad sobre los revolucionarios agrupados en torno a Sun Yat-sen, cuyos alzamientos aplastó. Tras su victoria, el 6 de octubre de 1913, fue nombrado presidente con plenos poderes por un parlamento que él mismo disolvió poco después.

De facto dictador, Yuan Shikai emprendió una serie de reformas, entre las que se encontraba la reorganización de los gobiernos provinciales, a los que autorizó a disponer de ejércitos privados, sentando las bases del caudillismo que asolaría China en las siguientes décadas. Mientras tanto, el bandidaje y la corrupción generalizada azotaban a la población, que observaba con descontento como se perdían Mongolia y el Tíbet, se aceptaban cuatro quintas partes de las Veintiuna Exigencias[9] japonesas y el gobierno ignoraba las injerencias extranjeras en sectores clave de la economía china, cómo los ferrocarriles. Estas concesiones fueron realizadas por Yuan Shikai con el fin de asegu-

Yuan Shikai (1859-1916). Militar y político, su presidencia estuvo marcada por el fracaso del sistema parlamentario y el inicio del caudillismo militar provincial. En 1915 se proclamó emperador, impulsado por su poder y ambición desmedida.

8.- Aunque su título de entronización era Xuantong, este emperador es más conocido por su nombre de pila, Puyi. De cinco años de edad cuando ocurrió la Revolución de 1911, la regencia durante su breve reinado la ejercieron la emperatriz viuda Longyu y su padre el príncipe Chun. Tras la victoria de los revolucionarios, se le recluyó bajo vigilancia en la Ciudad Prohibida, donde permaneció hasta 1924, cuando fue expulsado.

9.- En enero de 1915, Japón presentó una serie de demandas para que China reconociera la ocupación japonesa de las concesiones territoriales alemanas, conquistadas en el marco de la Gran Guerra, y concediera nuevos privilegios económicos.

rarse el respaldo internacional, el cual, unido a su poder militar y ambición personal, le llevó a proclamarse emperador el 13 de diciembre de 1915 con el título de Hongxian (Abundancia Constitucional). Su entronización provocó la rebelión de numerosas provincias, cuyos jerarcas no estaban dispuestos a someterse a otro caudillo, situación que le obligó a renunciar al trono en marzo del año siguiente para evitar más desafecciones. Aunque restauró la República en las regiones que aún controlaba, con él como presidente, la crisis que se abrió dejó claro que los ejércitos eran propiedad de sus comandantes; por lo tanto, cualquiera que dirigiese uno podía gobernar una región y aspirar a hacerlo sobre toda China.

La era de los señores de la guerra[10]

Tras la muerte de Yuan Shikai, el 6 de junio de 1916, la República de China quedó en manos del Ejército de Beiyang, cuyos generales, alentados por su desmedida ambición, se repartieron sus restos en

10.- Facciones y camarillas más destacadas: Anhui, Fengtian, Antigua Camarilla de Guangxi, Nueva Camarilla de Guangxi, Guominjun, Kuomintang, Ma, Partido Comunista Chino, Shanxi, Sichuan, Xinjiang, Yunnan y Zhili, además existía una gran cantidad de señores de la guerra independientes. Muchas de estas facciones y camarillas perduraron hasta 1949, cuando se hizo con el poder Mao Zedong tras imponerse en la Segunda Fase de la Guerra Civil China (1945-49).

DIVISIÓN PROVINCIAL CHINA TRAS LA REVOLUCIÓN DE 1911

Mongolia y el Tibet permanecieron independientes tras la Revolución de 1911.

1917 usando como pretexto sus desacuerdos en torno a la breve restauración de Puyi como emperador —llevada a cabo por uno de ellos— y la entrada de China en la Gran Guerra en el bando de la Entente. Se iniciaba así la Era de los Señores de la Guerra, y durante la década siguiente, diversas facciones surgidas de la rebelión contra Yuan Shikai y del Ejército de Beiyang se enfrentaron por el poder. En medio de ese caos, que se cobró un alto tributo en sangre de los civiles chinos debido a los abusos que se cometieron, surgió un lucrativo mercado de armas, asesores militares y mercenarios, entre ellos muchos rusos blancos exiliados, que encontraron una nueva forma de vida al servicio de estos caudillos. Por su parte, las concesiones extranjeras experimentaron un gran desarrollo económico, gracias a la seguridad que los ejércitos de estas potencias les proporcionaban.

El Kuomintang

Refundado en 1919 por Sun Yat-sen en la Concesión Francesa de Shanghái, estableció las bases ideológicas y organizativas del partido sobre los siguientes puntos: nacionalismo chino, rechazo tanto al caudillismo militar como al imperialismo extranjero y adopción del centralismo democrático leninista como principio organizativo del partido. Al año siguiente, Sun Yat-sen y el Kuomintang se trasladaron a Cantón, gracias al apoyo de la Nueva Camarilla de Guangxi, que gobernaba en esa región, donde emprendieron una incesante labor para atraer a más facciones y señores de la guerra a su causa. Debido a la importancia que estaba alcanzando el Kuomintang, la Unión de Repúblicas Socialistas Soviéticas (URSS en adelante) ofreció su ayuda en 1923, a través de la cual se logró firmar una alianza con el Partido Comunista Chino, conocida como el Primer Frente Unido.

Chiang Kai-shek (1887-1975). Militar y estadista, sucedió a Sun Yat-sen como presidente del Kuomintang tras su muerte. Después de la victoriosa Expedición del Norte, gobernó la República de China hasta 1949, cuando, tras ser derrotado por los comunistas chinos, se refugió en la isla de Taiwán junto con sus seguidores, donde permaneció en el poder hasta su muerte.

Tras la muerte de Sun Yat-sen en 1925, emergió como líder Chiang Kai-shek, quien, tras consolidar su poder en el partido y ser reconocido como generalísimo por los aliados del Kuomintang se centró en la reunificación de China. Para acometer esta tarea, emprendió en 1926 la Expedición del Norte —una gran operación militar que pudo realizar en gran medida gracias al asesoramiento y los suministros militares soviéticos—, con la que puso fin a la guerra civil de la Era de los Señores de la Guerra tras tomar Pekín en 1928. Aunque se había logrado reunificar la República de China, esta no era más que una coalición de señores de la guerra bajo una bandera única, la del Kuomintang, y muchos de ellos no estaban dispuestos a ceder su poder.

La Republica de China 1928-37

La Década de Nankín, denominada así porque la capital se estableció en esta importante ciudad, fue una época marcada por las reformas y la modernización, de la que se beneficiaron principalmente las ciudades industriales y las zonas rurales dedicadas a los cultivos comerciales, ya que allí se concentraron las inversiones y la construcción de infraestructuras. Sin embargo, la mayor parte de China quedó al margen debido al escaso control que el Kuomintang ejercía sobre el país y a los limitados fondos de que disponía, pues el pago de la deuda y los gastos militares consumían el 70% del presupuesto nacional. Esta restricción financiera se debía tanto a la persistente corrupción que afectaba a China, esta vez propiciada por el Kuomintang y los señores de la guerra supervivientes, como a la imposibilidad de reducir el gasto militar como consecuencia del desencadenamiento de una serie de conflictos que obligaron a mantener movilizados 2 200 000 hombres en 1934. Estos conflictos, cronológicamente, fueron los siguientes:

1- Primera Fase de la Guerra Civil China (1927-36). Tras purgar de sus filas a los sectores próximos al comunismo en 1926, el Kuomintang extendió la persecución al Partido Comunista Chino al año siguiente, rompiendo así el Primer Frente Unido e iniciando la guerra contra los comunistas chinos. Ante los reveses sufridos en Cantón, Nanchang y Shanghái, el grueso de sus seguidores se refugió en las montañas de Jiangxi, donde lograron establecer una base y proclamaron la República Soviética de China el 7 de noviembre de 1931. Al ser su principal bastión, las tropas del Kuomintang lanzaron cuatro potentes ofensivas entre 1930 y 1932, que fueron rechazadas a costa de fuertes bajas. A finales de 1933 se inició una nueva operación, esta vez planificada por los asesores militares alemanes de Chiang Kai-shek y apoyada por un millón de hombres, que les obligó a retirarse a Shaanxi en otoño del año siguiente para evitar ser aniquilados. Una vez en Shaanxi, tras realizar la denominada Larga Marcha —12 500 kilómetros que recorrieron en un año y que supuso el reconocimiento del liderazgo de Mao Zedong—, lograron defender la región montañosa donde se asentaron hasta 1936, cuando la situación cambió decisivamente.

Mao Zedong o Tse-tung (1893-1976). Político, intelectual, militar y estadista, alcanzó notoriedad en el Partido Comunista Chino por su liderazgo durante la Larga Marcha. Nombrado presidente del partido en 1943, tras la finalización de la Segunda Guerra Chino-Japonesa derrotó a las fuerzas del Kuomintang y proclamó la República Popular de China, que gobernó hasta su muerte.

1889-1912

Republica de china 1912-28
   Rojo por los chinos han
   Amarillo por los manchues
   Azul por los mongoles
   Blanco por los chinos musulmanes hui
   Negro por los tibetanos

Imperio de China 1916
Reinado de Yuan Shikai

Republica de China 1928 a la actualidad

Página siguiente, abajo. Ma Zhongying (1910-después de 1936). Caudillo musulmán chino, comandó la Nueva 36.ª División durante la Rebelión Kumul. Capturado por los soviéticos en 1936, se desconoce la causa de su muerte, aunque la mayoría de las fuentes señalan que fue ejecutado durante la Gran Purga estalinista de 1937.

2- Guerra de las Planicies Centrales (marzo de 1929 a noviembre de 1930). Tras la Expedición del Norte, el Kuomintang propuso reorganizar y reducir las fuerzas militares para adaptarlas a la nueva situación, medida que fue rechazada por varios señores de la guerra al alterarse el equilibrio de poder existente entre ellos. Su oposición se materializó en la formación de una coalición anti-Chiang Kai-shek, que le declaró la guerra a él y sus aliados, desatando un costoso conflicto que obligó al gobierno de Nankín a emplear un gran número de tropas y lo dejó en la bancarrota.

3- Conflicto Chino-Soviético de 1929 (julio a diciembre). Las disputas e intrigas por la gestión del ferrocarril transmanchuriano entre el señor de la guerra de Manchuria y los soviéticos fueron el detonante de este breve conflicto, en el que se impusieron rápidamente las tropas soviéticas debido a la imposibilidad del Kuomintang de mandar refuerzos por la Guerra de las Planicies Centrales.

Aviadores soviéticos posan junto a bombas de diferentes tamaños durante el Conflicto Chino-Soviético de 1929.

Dado que los soviéticos eran conscientes de su debilidad militar ante los japoneses en el Lejano Oriente en ese momento, se conformaron con regresar a la administración conjunta del ferrocarril para evitar un conflicto con ellos, statu quo que fue ratificado el 13 de diciembre con la firma del Protocolo de Khabarovsk.

4- Guerra Chino-Tibetana (1930-32). Desde la proclamación de la independencia del Tíbet, se produjeron enfrentamientos con la República de China por la delimitación de su frontera oriental, que los tibetanos ampliaron en 1919 tras apoderarse de varios territorios en la región de Kham (provincia de Xikang), aprovechando la debilidad china durante la Era de los Señores de la Guerra. Las tensas relaciones entre el Tíbet y la Camarilla de Sichuan —que controlaba la provincia desde la atomización de la República de China— degeneraron en guerra abierta en junio de 1930, a raíz de la apropiación de las propiedades de un monasterio por un caudillo local de esta camarilla, cuyos monjes solicitaron la ayuda del Dalái Lama. A partir de ese momento se desarrolló una guerra fronteriza, que inexplicablemente los tibetanos expandieron en marzo de 1932 contra la Camarilla Ma, dueña de la limítrofe provincia de Qinghai. El concurso de las dos camarillas y el envío de equipos militares por el

Kuomintang llevaron a la victoria a los chinos, que recuperaron las pérdidas territoriales de 1919. Ante la derrota, el Dalái Lama solicitó ayuda a las autoridades británicas de la India, que presionaron a

13

Chiang Kai-shek para alcanzar una tregua, la cual fue firmada a finales de 1932.

5- Rebelión Kumul[11] (1931-34). Los abusos cometidos por la Camarilla de Xinjiang contra las etnias túrquicas llevaron a la rebelión de los uigures kumul en febrero de 1931, quienes solicitaron la ayuda del general musulmán Ma Zhongying. Paralelamente, se produjo otro levantamiento uigur al suroeste de Xinjiang, que dio lugar a nuevos bandos y a la proclamación de la República Islámica Turca del Turquestán Oriental. Como el conflicto se alargaba y el Kuomintang no podía prestar apoyo, debido a la agresión japonesa en Manchuria, el líder de la Camarilla de Xinjiang recurrió a la vecina URSS, con la que firmó un tratado secreto en octubre de 1931. Gracias a este acuerdo obtuvo armamento y dos aviones, con los que comenzó a imponerse sobre los rebeldes. Ante este acercamiento, el Kuomintang decidió apoyar a Ma Zhongying para recuperar el control de la provincia, confiándole el mando de la Nueva 36.ª División del Ejército Nacional Revolucionario[12], con la que logró revertir la situación a partir de 1933. Esto desencadenó la Invasión Soviética de Xinjiang (enero a abril 1934), con la que se logró derrotar a los rebeldes. A partir de entonces, Xinjiang se convirtió en un estado clientelar de la URSS.

Tanques Renault FT-17 chinos abandonados en Manchuria. Diez de ellos fueron capturados por los japoneses durante la ocupación de esta región.

6- Expansionismo Japonés de 1931-33. Los análisis geoestratégicos japoneses de 1923 señalaron a la URSS como posible enemigo, y para hacer frente a esta amenaza se apostó por centrarse en el comercio y la cooperación militar con las potencias occidentales, postura que, además, permitiría seguir reduciendo el presupuesto militar. Esta planificación molestó a gran parte de la oficialidad del Ejército de Tierra, que consideraba que la mejor forma de afrontar dicha amenaza era mediante una mayor inversión en medios aco-

---

11.- Kumul en este contexto hace referencia a los uigures que habitaban en el antiguo Kanato de Kumul, que existió como región semiautónoma de la provincia de Xinjiang hasta que fue suprimida por la Camarilla de Xinjiang en 1930, su capital era la ciudad de Kumul.

12.- Denominación del Ejército de la República de China durante el gobierno del Kuomintang, en el que se integraban tanto unidades gubernamentales como de los señores de la guerra.

razados y mecanizados, así como un mejor posicionamiento estratégico de sus fuerzas, por lo que veían imprescindible apoderarse de Manchuria, ya fuera mediante la conversión de su señor de la guerra en un títere o, en caso de fracasar, militarmente. Como medida conciliadora, el gobierno japonés inició un acercamiento al señor de la guerra de Manchuria a través de ayuda militar y asesores para alcanzar una alianza, cesión que fue aprovechada por estos oficiales para trabajar su agenda en secreto. Ante el fracaso de sus intrigas para convertirlo en un títere, realizaron un atentado de falsa bandera contra un tramo de ferrocarril propiedad de una empresa japonesa —el Incidente de Mukden, ocurrido el 18 de septiembre de 1931—, sin contar con la aprobación de su gobierno, para obtener un *casus belli* que justificara la invasión de Manchuria.

Manifestación de la comunidad china en Estados Unidos de América contra la invasión japonesa de Manchuria, agresión que despertó la simpatía estadounidense hacia la causa china.

Como consecuencia de que el grueso de las fuerzas de la República de China estaba desplegado en otras regiones tras la Guerra de las Planicies Centrales y por la guerra civil contra los comunistas chinos, no se pudo enviar refuerzos a tiempo, lo que facilitó a los japoneses la ocupación total de Manchuria para finales de febrero de 1932, donde establecieron un estado títere para dar legitimidad a su agresión. Más fortuna tuvieron los chinos en repeler su siguiente movimiento, pues rechazaron su intento de apoderarse de Shanghái entre el 28 de enero y el 3 de marzo de 1932, pero la suerte les abandonó al año siguiente, cuando los japoneses se lanzaron sobre la provincia de Rehe desde Manchuria para expandir su dominio hasta la Gran Muralla.

El conflicto con los japoneses imposibilitó apoyar a las fuerzas de Ma Zhongying debidamente, y para cuando se firmó con ellos la Tregua de Tanggu (22 de mayo de 1933), era demasiado tarde para apoyarlo decisivamente sin ocasionar un enfrentamiento directo con los soviéticos que operaban en Xinjiang. Por su parte, los oficiales japoneses confabulados lograron imponer su postura, reabriendo de paso el grifo presupuestario, aunque a costa de iniciar una senda militarista que condujo al Japón a una guerra muy diferente a la que se suponía en 1923.

7- Rebelión de Fujian (noviembre de 1933 a enero de 1934). La reasignación del 19.º Ejército del Ejército Nacional Revolucionario a la provincia de Fujian, tras haber rechazado el intento japonés de anexión de Shanghái, provocó la enemistad de su general con Chiang Kai-shek, debido a que el nuevo destino le reportaría un menor beneficio económico. Fruto de este descontento, se rebeló en noviembre de 1933 y proclamó el Gobierno Popular de Fujian, levantamiento que fue rápidamente aplastado por las tropas enviadas por el Kuomintang.

Aunque en 1935 pudiera parecer que la situación estaba controlada por Chiang Kai-shek y el Kuomintang, tras cerrarse todos estos conflictos y poner en fuga a los comunistas chinos, la realidad era distinta. Amenazada por un Japón expansionista y acosada por las injerencias extranjeras —siendo las soviéticas más que preocupantes tras su participación en la Rebelión Kumul—, la República de China necesitaba tiempo y suministros para reponer sus desgastados arsenales tras tantos años de guerra, así como modernizar a sus ejércitos en la medida de lo posible, si quería sobrevivir como nación independiente. Al ser conscientes de que la única forma de agilizar el proceso era mediante una alianza con una potencia geográficamente cercana, se intentó una compleja maniobra diplomática: el acercamiento simultáneo a Japón y la URSS. Para así poder emplear los suministros japoneses contra los comunistas chinos y, llegado el momento, a los soviéticos contra los japoneses. Este acercamiento fracasó con Japón, interesado en adquirir más territorios en China mediante fuerzas insurgentes que apoyaba y financiaba en las provincias de Qahar y Suiyuan. En cambio, las negociaciones con la URSS avanzaron considerablemente, debido a su preocupación por el expansionismo nipón.

Zhang Xueliang (1901-2001), junto a Chiang Kai-shek. Apodado el «Joven Mariscal», fue uno de los generales que orquestaron el Incidente de Xi´an. Tras el suceso, permaneció bajo arresto hasta 1990 y, tres años después, emigró desde Taiwán a Hawái, donde falleció.

Mientras tanto, una parte importante de la sociedad —incluidos militares y señores de la guerra— deseaba la paz con los comunistas chinos para centrarse en la amenaza japonesa, postura que cobró fuerza durante la Campaña de Suiyuan[13] (octubre a noviembre de 1936). Probablemente, esta nueva agresión fue el principal desencadenante del Incidente de Xi'an (12 al 25 de diciembre de 1936), un golpe de estado orquestado por dos generales de Chiang Kai-shek, quienes lo arrestaron con el propósito de obligarlo a poner fin a la Guerra Civil y emprender reformas políticas debido a la

---

13.- La Campaña de Suiyuan fue el intento de dos fuerzas insurgentes —una de origen chino y otra mongola— de apoderarse de la provincia. Organizadas y apoyadas por Japón, fueron rechazadas fácilmente debido a su pobre preparación y baja moral de combate.

deriva autoritaria del régimen. Este golpe logró la firma de la paz el 24 de diciembre de ese año, tras dos semanas de tensión, y el establecimiento del Segundo Frente Unido, con el que se integró al Ejército Rojo Chino en el Ejército Nacional Revolucionario, que pudo centrarse en su reorganización y fortalecimiento tras finalizar el último conflicto que quedaba activo.

La tensa espera entre China y Japón llegó a su fin de forma inesperada durante la noche del 7 al 8 de julio de 1937, en el transcurso de unas maniobras nocturnas de una unidad japonesa estacionada en un suburbio de Pekín[14]. El ejercicio se desarrolló en la orilla occidental del río Yongding, en las inmediaciones de la fortaleza de Wanping —un castillo del siglo XVII ubicado a 15 km al suroeste de Pekín—, que formaba parte de las defensas de la ciudad y se alza frente al puente de Marco Polo, cuyo acceso oriental vigila. Alrededor de las 23:00 horas, se inició un tiroteo entre las tropas chinas que defendían el puente y fuerzas japonesas que buscaban a un camarada desaparecido, pues, al parecer, pretendían entrar en la fortaleza para comprobar que no se encontraba allí retenido. A pesar de que el soldado japonés finalmente apareció —alegando haberse extraviado en la noche tras ausentarse para resolver un problema intestinal[15]—, el intercambio de disparos se intensificó a medida que llegaron refuerzos a ambos bandos, situación que se agravó cuando los japoneses comenzaron a utilizar artillería contra el lienzo sur de la fortaleza. Aunque se decretó un alto el fuego, este no se respetó debido a las acciones de las tropas comunistas chinas presentes en la zona y por la agresiva conducta del general

japonés al mando de la guarnición de Pekín, quien prolongó el bombardeo hasta la madrugada, cuando finalmente acató el alto el fuego y retiró sus tropas a sus cuarteles. Así comenzó, de manera tan fortuita como trágica, la devastadora Segunda Guerra Chino-Japonesa, durante cuyo primer año la República de China combatió con los siguientes tanques y blindados.

Fotografía del 1.er Batallón de Tanques en los suburbios de Nankín durante unas maniobras realizadas en otoño de 1935.

14.- Entre las condiciones del Protocolo Bóxer, firmado el 7 de septiembre de 1901 tras aplastar la rebelión, se encontraba el derecho a mantener fuerzas militares estacionadas en Pekín por las ocho potencias vencedoras. Por ese motivo existía una guarnición de unos 5000 japoneses en la región Pekín-Tianjin.

15.- Según el historiador Peter Harmsen, en realidad había ido a visitar un burdel.

Zhang Zoulin (1875-1928). Militar y caudillo de la Camarilla de Fengtian, era un entusiasta de las armas modernas, por lo que adquirió aviones y tanques para su ejército privado, además de impulsar la construcción de armamento en Manchuria, región que gobernaba férreamente.

RENAULT FT-17. LLEGAN
LOS PRIMEROS TANQUES

E l primer tanque que sirvió en manos chinas fue el Renault FT-17 francés, que no pudo adquirirse como unidad nacional debido a la situación en la que se encontraba China durante la Era de los Señores de la Guerra. En ese contexto, Zhang Zoulin, antiguo miembro del Ejército de Beiyang y señor de Manchuria como líder de la Camarilla de Fengtian, adquirió doce de estos tanques que habían sido enviados a Vladivostok para apoyar a los rusos blancos en 1919, los cuales quedaron disponibles tras su derrota. La compra se efectuó en 1922 y supuso la primera transacción de tanques dentro del tráfico de armas, ya que China estaba sometida a un embargo impuesto por la Sociedad de Naciones. En cuanto a su traslado a Manchuria, lo más probable es que se realizase en algún momento anterior a la caída de Vladivostok en manos bolcheviques, el 25 de octubre de ese año, utilizando el tren transmanchuriano vía Harbin como medio de transporte. En septiembre de 1924, cuando los fengtianos declararon nuevamente la guerra a la Camarilla de Zhili —dueña de Pekín y el norte de China—, su docena de Renault FT-17 fue determinante en las primeras victorias. Esto motivó a Zhang Zoulin, entusiasta de la modernidad, a solicitar 24 nuevos

Derecha. Renault FT-17 fengtianos durante los combates contra las tropas del Kuomintang de la Expedición del Norte.

Página siguiente, abajo. Durante su última estancia en Manchuria se reemplazaron los cañones Puteaux de 37 mm por anticarros Tipo 94 de 37 mm japoneses, fabricados bajo licencia en el Arsenal de Shenyang, como se puede observar en esta imagen tomada durante un desfile.

tanques directamente a Francia, que fueron adquiridos como maquinaria agrícola para eludir la prohibición de la Sociedad de Naciones. La conclusión del conflicto en noviembre de 1924 impidió estrenar estos nuevos tanques, ya que los diez primeros llegaron a finales de ese año y el resto durante el año siguiente, todos vía Dalian.

Los 36 FT-17 que adquirió la Camarilla de Fengtian, de los que se desconoce la cantidad de ellos equipados con cañón y ametralladora,

Para hacer frente a la Expedición del Norte se enviaron los Renault FT-17 a la provincia de Shandong.

fueron suministrados en color verde oscuro. Su siguiente servicio tuvo que esperar hasta el desencadenamiento de la Expedición del Norte, durante la cual seis de ellos fueron puestos fuera de combate por las tropas de Chiang Kai-shek. En su retirada a Manchuria, Zhang Zoulin falleció el 4 de junio de 1928 como consecuencia de las graves heridas que le causó el atentado que los japoneses perpetraron contra su tren, cansados de fracasar en sus intentos de atraerle como títere y convencidos de que tendrían más éxito con su hijo y heredero, Zhang Xueliang, a quien consideraban débil debido a su afición por las mujeres y el opio. Aunque este logró consolidar su poder en Manchuria gracias a los japoneses frente a sus

Otra vista de un FT-17 chino junto a sus tripulantes, vestidos con ropa invernal.

rivales, desconfiaba de ellos debido al asesinato de su padre. Por ello, decidió adherirse al Kuomintang el 29 de diciembre de 1928, tras alcanzar la paz en julio, transformando a sus fuerzas fengtianas en el Ejército del Noreste del Ejército Nacional Revolucionario. Para los oficiales japoneses confabulados no quedaba más opción que apoderarse de Manchuria.

Tras esta adhesión, los FT-17 supervivientes se convirtieron en los primeros tanques de la República de China, y su primer servicio en sus filas tuvo lugar durante la Guerra de

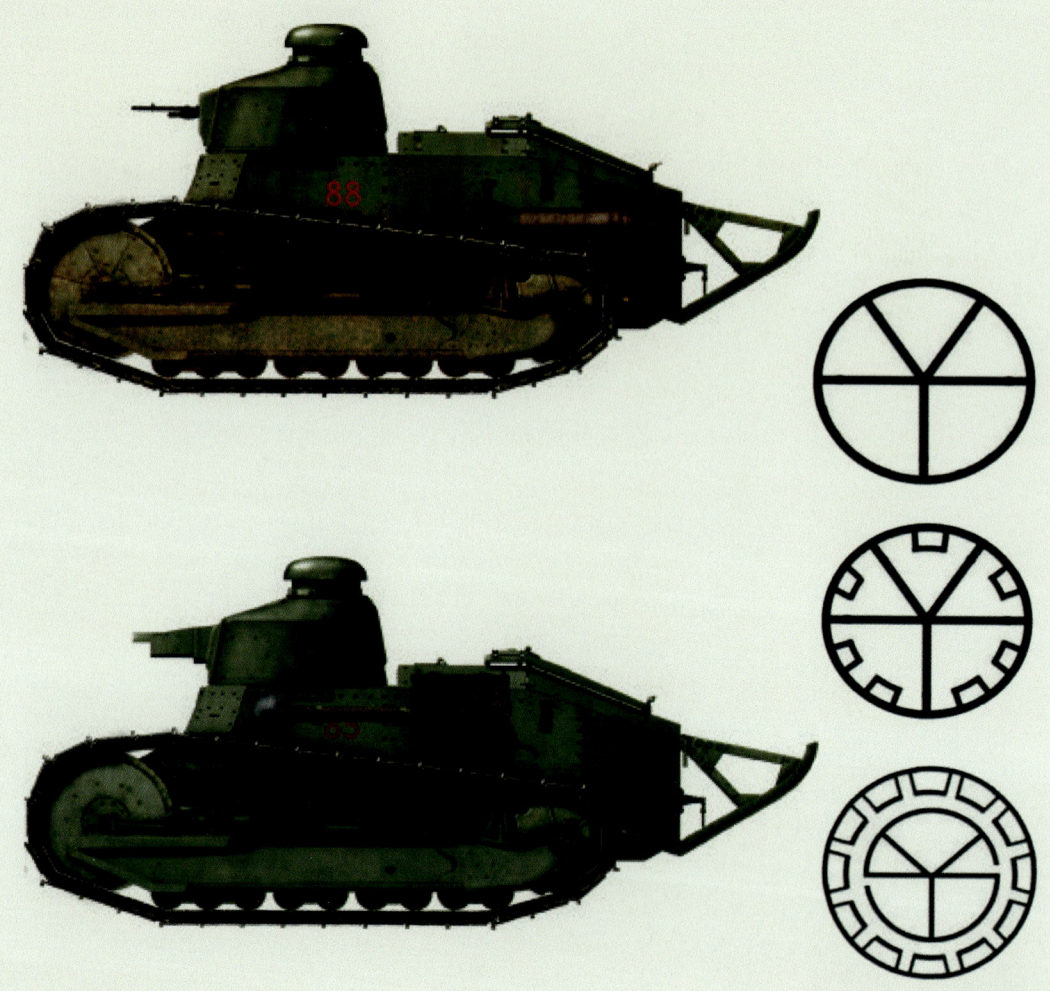

Cuños de fabricación del Arsenal de Shenyang.

FT-17	
Fabricante	Renault, Berliet, SOMUA y Delaunay-Beleville
Procedencia	Francia
Armamento	Un cañón de 37 mm o una ametralladora de 7 mm
Blindaje	Entre 8 y 22 mm
Motor	Renault de 18 C.V.
Velocidad	19 km/h
Autonomía	65 km
Peso	6,7 toneladas
Tripulación	2

Arriba. Los dos FT-17 supervivientes de Zhang Xueliang fueron usados como plataformas de instrucción a partir de 1933.

las Planicies Centrales, en la provincia de Henan, integrados en la 1.ª Brigada de Caballería. Este despliegue les impidió llegar a tiempo a Manchuria cuando fueron requeridos por Zhang Xueliang para intervenir en el Conflicto Chino-Soviético de 1929, ya que este concluyó rápidamente. Para entonces, se habían perdido trece en combate y algunos más habían sido canibalizados para mantener la operatividad del resto. Una vez en Manchuria, se procedió a rearmar a algunos de ellos con ametralladoras checoslovacas Vz-26 y cañones de 37mm producidos en el Arsenal de Shenyang, debido al desgaste del armamento original, y allí permanecieron hasta la invasión japonesa tras el Incidente de Mukden. Según las diferentes fuentes consultadas, en ese momento sólo quedaba una docena operativa. De estos, diez fueron capturados, pasando a servir en las filas japonesas junto a sus propios FT-17 o como repuestos de ellos. Posteriormente, tres fueron transferidos como ayuda militar a Manchukuo[1] y una cantidad desconocida al Gobierno Nacional Reorganizado de la República de China[2]. Los dos restantes, armados con ametralladoras, escaparon de Manchuria junto a los restos del Ejército del Noreste de Zhang Xueliang, quien los cedió en 1933 a la Escuela de Oficiales del Ejército Central de Nankín para labores de instrucción, donde permanecieron hasta finales de 1937, cuando se vieron involucrados en la defensa de la ciudad contra los japoneses.

1.- Denominación que se da a la Manchuria títere de Japón, aunque su nombre oficial fue Estado de Manchuria (1932-34) e Imperio de la Gran Manchuria (1934-45) tras transformarse en una monarquía con Puyi como emperador.

2.- El Gobierno Nacional Reorganizado de la República de China fue un estado títere creado por los japoneses en 1940 en la China continental mediante la combinación del Gobierno Provisional de la República de China (1937-40) y el Gobierno Reformado de la República de China (1938-40), dos estados títeres japoneses creados en el norte y centro de China respectivamente.

Abajo, derecha. Cartel de propaganda japonés conmemorativo del primer aniversario de la independencia Manchukuo, 1 de marzo de 1933.

¿El primer tanque chino?

Zhang Zongchang nació en la más absoluta pobreza, de la que pasó al generalato gracias a los convulsos tiempos que se vivieron en China, que le permitieron saltar del bandidaje a la milicia al unirse a la Revolución de 1911. Tras la atomización de la República de China, se unió a la Camarilla de Fengtian, donde se ganó la simpatía de Zhang Zoulin debido a su lealtad y habilidad militar, cualidades que le reportaron el gobierno de su natal provincia de Shandong, donde amasó una gran fortuna imponiendo un sistema extremadamente extractivo y corrupto. Despiadado, aunque amante de la buena vida —famoso por su harén de mujeres de diversas nacionalidades, banquetes y escapadas a Shanghái junto a Zhang Xueliang para disfrutar del opio y la compañía femenina que ofrecía la ciudad—, desarrolló un gran interés por las armas modernas, cuya fabricación impulsó en su territorio. En su momento de mayor poder militar, llegó a tener bajo su mando a cerca de 100.000 hombres, entre los que se contaban miles de rusos blancos, a quienes pudo reclutar gracias a su conocimiento del idioma.

Zhang Zongchang (1881-1932). Este caudillo militar de la Camarilla de Fengtian fue conocido tanto por su brutalidad como su gusto por la buena vida.

Fruto de su interés por las armas modernas, logró disponer de un tanque, del que se desconoce su año de construcción, origen, tripulación, blindaje, motor o rendimiento. De este vehículo, sin embargo, existen dos fotografías tomadas por un fotógrafo estadounidense durante la visita de una comisión militar de esta nacionalidad a las fuerzas de Zhang Zongchang, en las que se puede apreciar que estaba armado con tres ametralladoras pesadas: una en la parte delantera de la barcaza y las otras dos en torres giratorias localizadas sobre ella. Una vez certificada su existencia, el debate sobre este tanque se centra en la posibilidad de que hubiera sido construido localmente en China. Hipótesis más que plausible, debido a que sólo se construyó una unidad, a la presencia de numerosos expertos armamentísticos occidentales al servicio de los señores de la guerra y a la falta de evidencias sobre su compra en el extranjero.

Sólo se conocen estas dos fotografías del tanque de Zhang Zongchang, que podría ser el primero que se fabricó en China.

Según las fuentes que apoyan su construcción en algún taller o instalación industrial de Zhang Zongchang, el diseño y la supervisión de los trabajos fueron realizados por el ingeniero Ferdinand Hauschildt —cuyo origen debaten si era checoslovaco o alemán—, quien claramente se inspiró en los prototipos de los Medium Mark D británicos y los Studebaker estadounidenses. El tanque que entregó tenía un perfil bajo y, como crítica del autor, las torres de las ametralladoras parecen haber sido realizadas con poco esmero. En cuanto a su servicio en manos de Zhang Zongchang, se desconoce por completo, lo que lleva a preguntarse si el vehículo era realmente funcional o si no era nada más que un arma de prestigio e intimidación frente a sus oponentes. En 1927, tras ser capturado por las tropas de Chiang Kai-shek durante la Expedición del Norte, fue trasladado a Nankín para ser expuesto con fines propagandísticos ante la población, que lo apodó «toro de acero». Posteriormente fue desguazado.

Si este tanque realmente fue construido en China, como parece ser, precedería en más de tres décadas al Tipo 59, la versión china del T-54 que entró en producción en 1958 y en servicio al año siguiente.

23

Vehículos blindados del Arsenal de Shanghái

Los primeros coches blindados, como se les denominaba en un principio, llegaron a China desde el extranjero durante la Era de los Señores de la Guerra, a los que se añadieron algunas unidades sueltas producidas localmente para ellos. Sin embargo, los primeros que adquirió la República de China como unidad nacional fueron seis vehículos producidos por el Arsenal Estatal de Shanghái, el único en toda China, en ese momento, capaz de realizar una pequeña serie de ellos con unos estándares de calidad adecuados. Ciertamente, no era lo más moderno con lo que se podía dotar a un ejército, pero representaba una clara apuesta por una industria nacional dedicada a este sector, que en el futuro podría fabricar vehículos más avanzados, tanto propios como extranjeros bajo licencia. En cuanto a su solicitud, partía de la necesidad del Ejército Nacional Revolucionario de dotar a sus fuerzas de medios adecuados para garantizar la seguridad de grandes ciudades y realizar patrullas por su periferia, en concreto en Nankín y Shanghái, pues disponía de pocos vehículos de este tipo y estos se encontraban muy baqueteados tras una década de guerra. Sin denominación oficial, los estudiaremos divididos en tres grupos, que se corresponden con los lotes de entrega, para ver las diferencias existentes entre ellos.

Fotografía de presentación del Arsenal de Shanghái de su primer Modelo 1929.

Modelo 1929 del Regimiento de la Guardia

La construcción de los dos primeros vehículos comenzó en marzo de 1928, tomando como base camiones estadounidenses Stewart, a los que se les añadió un blindaje de acero que formaba una estructura convencional sobre el chasis y ruedas macizas de

Los dos M1929 del Regimiento de la Guardia durante la escolta de los restos de Sun Yat-sen.

caucho. Su armamento principal lo constituían dos ametralladoras Type 30 de 7.92mm (denominación china de las Colt M1917 fabricadas por ellos), una localizada en la torre fija y la otra en la parte posterior del vehículo. En el interior, al que se accedía por una puerta situada en el puesto del conductor, en el lateral derecho, se guardaban 10 000 cartuchos de ametralladora y dos subfusiles, que podían dispararse desde las troneras laterales. Una vez completados a principios de 1929, fueron asignados al Regimiento de la Guardia destacado en Nankín, que los empleó en misiones de seguridad por la periferia de la ciudad a partir de entonces. Sus servicios más destacados en esa primera época ocurrieron ese año en Nankín, al ser comisionados para la seguridad del Tercer Congreso Nacional del Kuomintang, celebrado en marzo, y para la escolta de los restos de Sun Yat-sen durante su traslado al mausoleo que se le construyó al pie de la Montaña Púrpura el 1 de junio.

Vehículo Blindado del Arsenal de Shanghái M1929

Fabricante	Arsenal de Shanghái
Procedencia	China
Armamento	Dos ametralladoras Type 30 de 7.92 mm
Blindaje	Desconocido
Motor	Desconocido
Velocidad	Desconocido
Autonomia	Desconocido
Peso	Unas 4 toneladas
Tripulacion	6

Modelo 1929 de la Guarnición de Shanghái

Poco después de iniciarse la construcción de los vehículos destinados a Nankín, se solicitaron dos nuevas unidades para reforzar a la Guarnición de Shanghái, las cuales, una vez terminadas, presentaban las siguientes diferencias con respecto a las anteriores:

- Guardabarros delanteros más altos con puntas más cortas. Esto se debía a que los camiones Stewart empleados eran de un modelo o serie diferente al usado con los de Nankín.

- Según evidencias fotográficas, estos vehículos presentaban una puerta con tronera en el lateral izquierdo para acceder al interior, sin que se sepa si era la única o si se mantuvo la del conductor, con o sin tronera.

Arriba y centro. Los dos M1929 de la Guarnición de Shanghái mostraban diferencias entre ellos en cuanto a la colocación de los faros, como puede observarse en estas dos imágenes.

- Por razones desconocidas, el montaje de los faros variaba entre ambos vehículos, pues uno los tenía instalados sobre el parachoques, como los de Nankín, y el otro a ambos lados de la calandra del motor.

- Para darles un aspecto más marcial y agresivo, fueron pintados de camuflaje en vez de verde oscuro como los destinados a Nankín.

El 11 de abril de 1929 fueron asignados a la Guarnición de Shanghái, y una semana después se realizaron las pruebas de su armamento en el aeródromo de Longhua satisfactoriamente, mediante el disparo de 250 cartuchos por cada ametralladora sobre blancos a 800 metros. A partir de entonces, fueron empleados en tareas de seguridad en la ciudad y su periferia, y sus servicios más destacados ocurrieron también ese año, cuando participaron en la vigilancia de dos importantes manifestaciones ocurridas en Shanghái.

Modelo 1930

Las constantes averías de los vehículos blindados a disposición del Regimiento de la Guardia de Nankín —reorganizado como una brigada—, debidas a su prolongado servicio, motivaron que

su general solicitara a Chiang Kai-shek el suministro de dos nuevos M1929 como refuerzo, ante su fiabilidad mecánica. Nuevamente se adquirieron camiones Stewart para modificarlos, pero esta vez se decidió mejorar el diseño, por lo que se les dotó de un blindaje de hierro inclinado en algunas secciones, que le daban mayor protección, así como de torre giratoria. Sin embargo, este incremento de peso los hizo menos fiables mecánicamente y más difíciles de conducir. En octubre de 1930 se incorporaron a los M1929 de Nankín para labores de seguridad, en las que permanecieron junto a ellos hasta mayo de 1932.

Vehículo Blindado del Arsenal de Shanghái M1930	
Fabricante	Arsenal de Shanghái
Procedencia	China
Armamento	Dos ametralladoras Type 30 de 7.92 mm
Blindaje	16 mm
Motor	Desconocido
Velocidad	Desconocido
Autonomia	Desconocido
Peso	Unas 8 toneladas
Tripulacion	6

Derecha. Modelo 1930 en las instalaciones del Arsenal de Shanghái.

Página anterior, abajo. Blindado improvisado del Ejército del Noreste de Zhang Xueliang que participó en el Conflicto Chino-Soviético de 1929. La gran autonomía que tenían los señores de la guerra en la República de China gobernada por el Kuomintang les permitía adquirir sus propios medios.

CARDEN-LOYD MK.VI

Durante los años veinte, varios militares desarrollaron estudios sobre cómo serían las próximas guerras y los medios que combatirían en ellas. Entre los que se encontraba el británico Giffard LeQuesne Martel, quien ideó un pequeño vehículo de cadenas de silueta baja, ligeramente blindado y armado, como respuesta a los nuevos campos de batalla. Este vehículo debía desplazarse velozmente para efectuar misiones de reconocimiento o prestar apoyo con su ametralladora, tanto en la ofensiva como en la defensa, al considerarlo un fortín móvil; así surgía la tanqueta. La idea fue recogida por la empresa Carden-Loyd Limited, que la perfeccionó hasta desarrollar la serie definitiva y comercial Mk.VI, que alcanzó una gran difusión internacional tras la adquisición de la empresa por Vickers-Armstrong Limited en marzo de 1928, de cuyo modelo se derivaron copias y versiones realizadas por polacos, checoslovacos, soviéticos, japoneses, franceses e italianos. La gran difusión que alcanzaron estos vehículos se debía a su competitivo precio, fácil producción y versatilidad táctica; atractivos que atrajeron a muchas naciones para iniciarse en el desarrollo de fuerzas acorazadas y mecanizadas al poderse emplear estos medios como tanques ligeros.

Sir Giffard Le Quesne Martel (1889-1958), padre de las tanquetas.

Carden-Loyd Mk.VI	
Fabricante	Vickers-Armstrong Limited
Procedencia	Reino Unido
Armamento	Una ametralladora Vickers de 7.92 mm
Blindaje	6 a 9 mm
Motor	Ford de 22,5 C.V.
Velocidad	48 km/h
Autonomia	160 km
Peso	1,5 toneladas
Tripulación	2

Aunque, con la reunificación de la República de China, se logró disponer de los Renault FT-17 fengtianos, el gobierno del Kuomintang tenía claro que estos seguían siendo propiedad de Zhang Xueliang. Por lo tanto, si deseaba dotar al Ejército Nacional Revolucionario con medios propios, debía adquirirlos en el extranjero. En ese contexto, el ministro de Finanzas realizó un viaje al Reino Unido en 1928 para negociar un nuevo tratado arancelario y adquirir armamento, durante el que se visitaron varias unidades británicas para observar sus armas y equipos. La atención que despertaron en la delegación china las tanquetas Carden-Loyd —que acababan de entrar en servicio hacía poco—, se tradujo en la compra de un lote compuesto por 24 vehículos, además de repuestos y seis remolques, el cual se logró a un buen precio gracias a las condiciones arancelarias que se firmaron. Es cierto que no compraron tanques, ya que la denominación oficial de los Carden-Loyd Mk.VI era *machine gun carrier* (transporte de ametralladora), pero era lo único que se podía permitir en aquel momento China para dotar al Ejército Nacional Revolucionario de medios propios.

Una de las primeras tanquetas Carden-Loyd Mk.VI que llegaron a China con remolque.

Carden-Loyd Mk.VI durante unas maniobras.

Suministradas en color verde oliva, una cantidad desconocida de ellas estaba equipada con una camisa y escudo de blindaje para

29

proteger la ametralladora y a su artillero. Las 18 primeras, tras ser desembarcadas en el puerto de Hong Kong, se asignaron en marzo de 1929 a la unidad de caballería de la División de Enseñanza en Nankín, mientras las seis restantes, que llegaron a finales de ese año, se asignaron a la Policía Fiscal —entonces en formación—, para desarrollar labores de vigilancia en Nankín y su periferia. Estas últimas evidenciaron las limitaciones mecánicas del modelo, ya que fueron las que más desplazamientos realizaron durante sus patrullas, sufriendo numerosas averías por el clima y el polvo de esa región de China, para la que no estaban diseñadas. El 19 de diciembre de 1930, la División de Enseñanza se fusionó con la Brigada de la Guardia para formar la División de la Guardia, en cuyo seno se agruparon las tanquetas en una unidad tipo compañía, estructurada de la siguiente forma: mando, tres secciones con seis tanquetas cada una, columna de suministros y unidad de mantenimiento. Fruto de esta reestructuración, adoptaron un esquema de camuflaje y se pintaron en la parte delantera de sus barcazas las letras A, B y C en blanco para identificar la sección a la que pertenecían, acompañadas de un número también en blanco que era el identificativo de cada vehículo. Su servicio más destacado en esa primera época ocurrió cuando, el 21

Arriba. Fotografías de las Carden-Loyd Mk.VI encuadradas en la División de la Guardia durante un desfile, donde puede observarse las letras e identificativos en blanco que adoptaron.

de enero de 1932, se decidió trasladar la capital a Luoyang (provincia de Henan) a raíz de la agresión japonesa en Manchuria, y, para proteger la nueva sede del gobierno, se destacó en la cercana ciudad de Kaifeng a la compañía de Carden-Loyd, donde permaneció hasta el 21 de agosto, cuando la capital regresó a Nankín.

Vista trasera de una Carden-Loyd MK.VI donde puede observarse su nuevo esquema de camuflaje.

2.º Regimiento de Tráfico

El teniente general Xu Tingyao (1892-1976), padre del Arma Acorazada china, a la izquierda de su protegido, el general Du Yuming (1903-1981), primer comandante de la primera gran unidad acorazada china.

La agresión japonesa de 1931-33 fue el impulso definitivo para destinar más fondos a la potenciación y modernización de los ejércitos chinos, donde tendría una especial atención el Arma Acorazada. Para ponerla en pie, prácticamente desde cero como hemos visto, se decidió agrupar los medios a disposición de la División de la Guardia en una unidad independiente, gracias a las recomendaciones de los asesores militares alemanes y de varios destacados oficiales chinos, entre ellos el general Xu Tingyao. La unidad seleccionada pertenecía al Cuerpo de Transporte, formado por el 1.er Regimiento de Tráfico, responsable de las comunicaciones, y el 2.º Regimiento de Tráfico, encargado del transporte de suministros. Este último contaba con dos unidades ferroviarias, una de camiones y cuatro trenes blindados.

El motivo de seleccionar al 2.º Regimiento de Tráfico fue su alta motorización, ya que sus camiones estaban agrupados, según su origen (británico, estadounidense y alemán), en su unidad de transporte por carretera, lo que facilitaría el mantenimiento de las tanquetas y blindados chinos. Como resultado de esta medida, el 1.er Regimiento se escindió y pasó a formar el Cuerpo de Transmisiones, mientras que el 2.º Regimiento se transformó en una unidad motorizada-acorazada y de transporte autónoma. En mayo de 1932 se le asignaron todos los vehículos blindados de la División de la Guardia, a los que se unieron las tanquetas Carden-Loyd al regresar a Nankín. Durante esta reestructuración, se adoptó como emblema nacional la escarapela del sol blanco con fondo azul, y se procedió a pintar numerales en blanco como identificativo de los vehículos blindados, aunque, paradójicamente, estos fueron suprimidos en las tanquetas junto a las letras de sección.

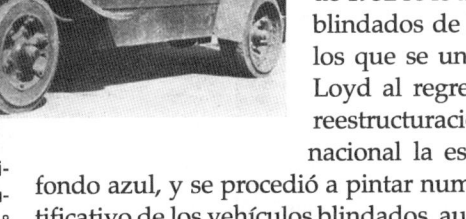

Modelo 1929 del Regimiento de la Guardia durante su estancia en el 2.º Regimiento de Tráfico.

A comienzos del año siguiente se ordenó enviar los vehículos blindados del 2.º Regimiento de Tráfico a la provincia de Jiangxi para combatir a los comunistas, y a Pekín, que en ese momento era un punto neurálgico ante la amenaza japonesa. Las tanquetas, por su parte, permanecerían en la capital como defensa y reserva acorazada. Ante esta orden, el comandante del regimiento envió un cable indicando la situación operativa, en el que denominaba a los vehículos blindados del Arsenal de Shanghái, según su blindaje, como «vehículos blindados de acero» y «vehículos blindados de hierro», solicitando instrucciones claras sobre la prioridad del

Los dos M1930 junto a una tanqueta Carden-Loyd Mk.VI en un aparcamiento del 2.º Regimiento de Tráfico.

destino. Al priorizarse Pekín, allí se enviaron en abril los dos M1929 junto a otros vehículos blindados, mientras los dos M1930 fueron asignados a Jiangxi una vez que fueron reparados, junto con varios camiones dotados de blindaje en los laterales para efectuar labores de seguridad en la retaguardia.

Tras estos despliegues, se pierde la pista de estos cuatro blindados del Arsenal de Shanghái, siendo su fin más plausible que fueron dados de baja en algún momento anterior al inicio de la Segunda Guerra Chino-Japonesa debido al desgaste, ya que no existen registros ni japoneses ni chinos sobre su pérdida en combate. La reforma también alcanzó a los otros dos blindados M1929 destacados en Shanghái, que en 1932 fueron asignados a una nueva unidad, el Regimiento de Servicio Especial del Comité Militar del Gobierno Nacionalista destacado en Nankín. En esta unidad cinco r donde 1937, cu la defen los japo

VICKERS-CARDEN-LOYD

Ante la demanda de varias naciones clientes de Carden-Loyd, se desarrolló en 1931 una versión anfibia de su tanque ligero de patrulla, capaz de operar en ríos, zonas pantanosas y desembarcos anfibios. Catalogado como tanque ligero por montar su ametralladora en una torre giratoria y por su peso, no dejaba de ser un heredero de las tanquetas Carden-Loyd Mk.VI con mayor protección. La flotabilidad del vehículo se lograba mediante un par de estructuras rellenas de madera de balsa, localizadas a cada lado de la barcaza, sobre las cadenas y el tren de rodaje, cuya propulsión en el agua la realizaba una hélice protegida por una cubierta giratoria. Aunque no fue adoptado por el Ejército Británico, al no tener cabida en su doctrina acorazada del momento, se destinó exclusivamente a la exportación. Del cual compraron ejemplares Tailandia, Países Bajos para sus Indias Orientales, China y la URSS, que lo utilizó para desarrollar sus propios tanques anfibios.

Tanque Anfibio Ligero Vickers-Carden-Loyd

Fabricante	Vickers-Armstrong Limited
Procedencia	Reino Unido
Armamento	Una ametralladora Vickers de 7.92 mm
Blindaje	6 a 11 mm
Motor	Meadows de 90 C.V.
Velocidad	43 km/h – 6 km/h en el agua
Autonomia	160 km
Peso	3,5 toneladas
Tripulacion	2

En el peligroso contexto de la agresión japonesa entre 1931-33, se envió de urgencia al nuevo ministro de Finanzas a realizar una gira internacional de compras de armamento en 1933, la cual se prolongó durante los años siguientes. En ella se adquirieron grandes cantidades de armas de todo tipo, vehículos y equipos, sin considerar los problemas logísticos y de mantenimiento que generaría una compra tan dispar, ya que se impuso, por encima de toda consideración, la necesidad del momento. Dentro de esta gira se

realizó la compra de 21 de estos tanques a principios de 1933, que representaban una clara mejora respecto a las tanquetas Carden-Loyd en cuanto a protección y al desempeño de la ametralladora, localizada en una torre giratoria, a lo que se añadía su capacidad anfibia. Sin embargo, los primeros en llegar a China no fueron estos, sino 12 adquiridos por el señor de la guerra de la Nueva Camarilla de Guangxi, quien los compró por su cuenta para sus propias fuerzas, dada la enorme autonomía que estos

Arriba y centro. Tripulantes delante de sus carros Vickers-Carden-Loyd y subiendo a ellos. En primer término uno de la 2.ª Sección y detrás de él, otro de la 1.ª Sección.

señores tenían dentro de la República de China. Estos llegaron a Cantón a principios de 1933. Por su parte, los adquiridos por el Kuomintang para el Ejército Nacional Revolucionario, junto a otro modelo Vickers, constituyeron los cimientos de su nueva unidad acorazada, cuya organización e historia iremos viendo en las siguientes páginas.

Fotografía del Vickers-Carden-Loyd del jefe de la compañía.

Vickers-Carden-Loyd de la 3.ª Sección.

VICKERS MK.E

Placa de fabricación de un Vickers Mk.E.

Vickers Mk.E Type B sobre un remolque, el empleo de estos medios alargaba la vida operativa de los tanques.

En 1928, Vickers-Armstrong Limited desarrolló un nuevo tanque denominado Vickers 6-ton, que fue desechado por el Ejército Británico debido a la desconfianza que le generaba su innovador sistema de suspensión. Su presentación a los mercados extranjeros se realizó en la feria de Londres de 1930, bajo la denominación Vickers Mk.E (Export), en estas dos versiones:

• Type A. Dos torretas, cada una armada con una ametralladora. En el interior se almacenaban 6000 cartuchos para ambas armas.

• Type B. Una torre, armada con un cañón corto de tiro rápido (en inglés, *Quick Fire*, QF) de 47 mm y una ametralladora coaxial. En el interior se almacenaban 50 proyectiles para el cañón y 4000 cartuchos para la ametralladora.

La innovadora configuración de la torre del Type B incluía espacio para un tripulante adicional encargado de cargar las armas, así como miras comunes que facilitaban la transición entre el cañón y la ametralladora.

Estas mejoras establecieron el estándar para las futuras generaciones de tanques al optimizar el desempeño de sus sistemas de armas, lo que contribuyó a que rápidamente se convirtiera en un éxito de ventas. En total, de los dos modelos se exportaron más de 180 ejemplares a Bolivia, Bulgaria, China, Finlandia, Grecia, Japón, Polonia, Portugal, Rumanía, Tailandia, Turquía y la URSS. Polonia desarrolló a partir de ellos su 7TP, y la URSS, sus T-26.

Vickers Mk.E Type B

Fabricante	Vickers-Armstrong Limited
Procedencia	Reino Unido
Armamento	Un cañón QF L/21 de 47 mm y una ametralladora Vickers de 7.92 mm
Blindaje	5 a 17 mm
Motor	Armstrong-Siddeley de 80 C.V.
Velocidad	35 km/h
Autonomia	160 km
Peso	7,3 toneladas
Tripulación	3

Abajo. Junto a los tanques Vickers Mk.E se compraron tractores Vickers Dragón basados en su barcaza, como el de foto, equipado con un remolque taller para labores de mantenimiento.

Arriba. Durante su participación en la Batalla de
Shanghái algunos Vickers
Mk.E fueron capturados por
los japoneses.

Centro y abajo. Imágenes
de los Vickers Mk.E antes
de la guerra.

Una vez que se relajó la situación con la firma de la Tregua de Tanggu, la comisión de compras china se fijó en el novedoso Vickers Mk.E Type B, del que, el 9 de marzo de 1934, adquirió 16 tanques de línea y cuatro equipados con radios Marconi SB4a, que se alojaban en un compartimento blindado ubicado detrás de la torre.

Junto a estos también se compraron 23 tractores Vickers Dragón, basados en sus barcazas, además de repuestos y 8460 proyectiles de 47 mm. Indiscutiblemente, se había realizado una excelente compra, aunque, debido a las categorías y tácticas del momento, fuera clasificado como ligero y empleado principalmente subordinado a la infantería. Este tanque sólo era superado en ese momento por su derivado soviético T-26, armado con un cañón contracarro de 45 mm M1932 20-K.

1.ER Batallón de Tanques

Arriba. La 2.ª Compañía Dragón en formación.

Abajo. Dentro de la misma secuencia de fotografías puede observarse los medios de la 1.ª Compañía Tigre.

Los tanques adquiridos en esta primera fase —ya que, como veremos, la comisión china continuó realizando compras por Europa— llegaron a Nankín vía Hong Kong en las siguientes fechas:

• A finales de 1933. Un tanque anfibio Vickers-Carden-Loyd.

• 29 de septiembre al 13 de noviembre de 1934. 12 Vickers-Carden-Loyd y 12 Vickers Mk.E Type B.

• 11 de marzo al 10 de mayo de 1935. Cuatro Vickers-Carden-Loyd y cuatro Vickers Mk.E Type B.

• A finales de 1935. Cuatro Vickers-Carden-Loyd y los cuatro Vickers Mk.E Type B con radios Marconi.

Un Vickers Mk.E superando una zanja durante unas maniobras.

El 23 de noviembre de 1934 se creó el 1.er Batallón Acorazado para encuadrarlos, constituyéndose así la primera unidad propiamente acorazada china. Este batallón tenía la siguiente estructura: mando, tres compañías acorazadas y unidades de reconocimiento, transmisiones, suministros y mantenimiento para darles apoyo. Con un esquema de camuflaje de cuatro colores (amarillo, gris, marrón y verde), los tanques adoptaron sobre sus torres unos símbolos en rojo, situados en los laterales, que indicaban la sección a la que pertenecían dentro de su compañía. Dentro de estos símbolos se pintó en blanco el nombre de la compañía en caracteres chinos, en el izquierdo, y su número identificativo, también blanco, en el derecho. Tras recibir, a mediados de 1935, el grueso de los tanques británicos, sus compañías presentaban las siguientes plantillas:

Tanqueta Carden-Loyd Mk.VI de la Escuela de Transporte.

1.ª Compañía. Tigre (虎). Un Vickers Mk.E Type B a disposición del jefe de compañía y tres secciones con cinco Vickers Mk.E Type B cada una.

2.ª Compañía. Dragón (龍). Un Vickers-Carden-Loyd a disposición del jefe de compañía y tres secciones con cinco Vickers-Carden-Loyd cada una.

3.ª Compañía. Sin nombre asignado. 18 tanquetas Carden-Loyd procedentes del 2.º Regimiento de Tráfico. Este regimiento volvió a dedicarse exclusivamente al transporte tras ceder todos sus vehículos blindados y tanquetas.

Desde ese momento, el batallón se vio inmerso en innumerables maniobras y jornadas de formación, durante las que el personal se acostumbró a los nuevos equipos y se cohesionaron sus unidades. A finales de 1935 se entregó a la 1.ª Compañía los cuatro Vickers Mk.E Type B con radios recién llegados, que sustituyeron a los de

línea asignados al jefe de compañía y a los tres jefes de sección. A las torres de estos tanques de mando no se les aplicó el código de símbolos, letras y números de los de línea. Los cuatro Vickers Mk.E Type B de línea que habían sido sustituidos, los cinco Vickers-Carden-Loyd restantes, las seis tanquetas Carden-Loyd procedentes de la Policía Fiscal y los dos Renault FT-17 supervivientes de Zhang Xueliang fueron asignados a la Escuela de Transporte para labores de instrucción bajo la dirección de Xu Tingyao.

La única operación militar en la que participó el batallón tuvo lugar durante el Incidente de Xi´an, en diciembre de 1936, cuando fue enviado junto a otras unidades con el objetivo de liberar a Chiang Kai-shek, viéndose involucrado en una escaramuza contra fuerzas sublevadas en el río Chishui, en las proximidades de dicha localidad. Este despliegue duró poco, pues, como vimos anteriormente, el Incidente de Xi´an se resolvió tras dos semanas de tensión.

Mercedes-Benz Type 320WK. Con el fin de mejorar la motorización el 1.er Batallón de Tanques, se adquirieron estos vehículos, entre otros.

Símbolo de la 1.ª Sección

Símbolo de la 2.ª Sección

Símbolo de la 3.ª Sección

Organigrama de la 1.ª Compañía Tigre y los símbolos de sección.

PANZER I AUSF. A

El rearme alemán comenzó de forma abierta y masiva con la llegada al poder de Adolf Hitler en 1933. A partir de entonces, se empezaron a sentar los cimientos de lo que sería la *Panzerwaffe* (arma acorazada), recurriendo a los estudios y prototipos desarrollados en secreto durante la República de Weimar en la URSS. El primer tanque que pudo entrar en producción fue el *Panzerkampfwagen I Ausf. A* (Vehículo de Combate Acorazado I Modelo A), un tanque ligero equipado con una torre giratoria armada con dos ametralladoras de 7.92 mm, cuyo tren de rodaje y suspensión se inspiraba en las tanquetas Carden-Loyd. Al estar dotado con radios *FuG 2* y ofrecer a la tripulación más espacio para desempeñar sus funciones, representaba una opción superior a las tanquetas del momento. Su producción comenzó en 1934 con una primera serie de 150 plataformas desarmadas de instrucción, a la que siguieron tres series de la versión de combate producidas hasta 1936, lo que da un total de 1190 *Panzer I Ausf. A*, además de 25 carros en la versión de mando. Aunque disponer de estos tanques en tan breve espacio de tiempo fue un logro, las autoridades germanas eran conscientes de la debilidad del modelo y su versión mejorada, *Ausf. B* (de la que se fabricaron 399 ejemplares entre 1935-37), pero debían conformarse por el momento, ya que con ellos se lograban estos dos objetivos:

1- Al estar en fase de diseño los modelos Panzer II, III y IV —que debían cubrir las plantillas de tanques ligeros, medios y pesados, respectivamente—, el *Panzer I Ausf. A* representaba una solución rápida y económica para dotar de tanques a las divisiones panzer que se estaban formando. Esto permitiría a sus hombres y mandos entrenarse, cohesionarse y realizar maniobras para familiarizarse con lo que sería la *Blitzkrieg* (guerra relámpago).

Ilustración de propaganda china de los años treinta para celebrar la cooperación de la República de Weimar con China.

2- Con la introducción de este modelo, se puso en marcha el entramado industrial encargado de la producción de tanques, una estructura que no existía debido a las limitaciones impuestas por el Tratado de Versalles.

Panzer I Ausf. A	
Fabricante	Henschel, MAN, Krupp, Rheinmetall-Borsig y Daimler-Benz
Procedencia	Alemania
Armamento	Dos ametralladoras MG-13 de 7.92 mm
Blindaje	6 a 13 mm
Motor	Krupp de 60 C.V.
Velocidad	37 km/h
Autonomia	175 km
Peso	5,5 toneladas
Tripulacion	2

La firma del acuerdo de cooperación germano-chino[1] con el III Reich supuso un gran impulso para la industrialización y el rearme de China. En su vertiente militar, este acuerdo facilitó la adquisición de armas y equipos necesarios para avanzar en el desarrollo del Plan de 80 divisiones, que los asesores alemanes de Chiang Kai-shek presentaron en 1934. En dicho plan se proponía organizar las divisiones existentes en ochenta equipadas, organizadas y entrenadas según los estándares alemanes. Para cuando se desencadenó la Segunda Guerra Chino-Japonesa, sólo se disponía de ocho de estas divisiones de infantería, que indiscutiblemente representaban la élite del Ejército Nacional Revolucionario. Otras doce divisiones, equipadas y armadas con otros materiales, fueron organizadas siguiendo el modelo germano y contaban con cierto entrenamiento similar, motivo por el cual se las denominó «reorganizadas».

Uno de los Panzer I que lograron ponerse en marcha atascado en el barro chino durante sus pruebas.

Tras la compra de 29 Carden-Loyd Mk.VI como refuerzo —dado que las 24 originales se encontraban muy baqueteadas tras casi una década de servicio—, la comisión china adquirió 15 tanques ligeros Panzer I Ausf. A, junto con repuestos, entre mediados y finales de

1.- Gracias a estos acuerdos, se concedió una línea de crédito de cien millones de Reichsmark y se construyeron plantas siderúrgicas, de maquinaria y químicas en varias regiones de China, junto a instalaciones para la producción de energía eléctrica. Además, se otorgaron licencias de fabricación de armamento y equipos, entre las que se encontraban cascos, granadas de mano M1924, morteros, ametralladoras MG-08 y fusiles Mauser *Standardmodell*, cuya versión china fue denominada Type 24 o Chiang Kai-shek, del que se produjeron 400 000 ejemplares durante la guerra.

1936, por un precio de 1 030 000 Reichsmark. Esta cifra, considerablemente alta, fue aceptada debido a los acuerdos de cooperación germano-chinos. Al prepararse el envío, la carga fue gestionada sin el cuidado necesario, lo que provocó que los tanques llegaran en junio de 1937 en pésimas condiciones. Por ello, se presentó una queja al representante de Krupp en China, quien reflejó en su informe los siguientes daños provocados por exposición al agua:

- Acumulación de dos a cuatro centímetros de agua en las barcazas.

- Oxidación de muchas piezas.

- Daños en los componentes eléctricos y baterías.

- Se habían arruinado muchas cajas de herramientas, componentes de tela y manuales.

Panzer I chinos exhibidos en Tokio, enero de 1939.

Los ejemplares que pudieron ser puestos en marcha para probarlos mostraron una propensión al sobrecalentamiento en el riguroso verano chino, alcanzándose temperaturas elevadas en el compartimento de la tripulación, incluso con las escotillas abiertas. A esto se sumaron fallos en los contactos de los magnetos y en los reguladores de voltaje, causados por la humedad del clima. Además, su desempeño todoterreno no era prometedor debido a la presencia de arrozales en las proximidades de Nankín, cuyas tierras enfangadas atascaban las estrechas cadenas del tanque. Pese a todas estas limitaciones, sin lugar a dudas eran superiores a las tanquetas Carden-Loyd, a las que sustituyeron en la 3.ª Compañía. Suministrados con un esquema de camuflaje de tres colores (arena, marrón y verde), a algunos de ellos se les pintaron numerales de tres dígitos, de la serie trescientos, en rojo en el frontal y la parte trasera de la barcaza. Al no estar en condiciones operativas, no pudieron ser enviados al combate cuando se desencadenó la Segunda Guerra Chino-Japonesa, por lo que se quedaron destacados en Nankín mientras se solucionaban sus averías. Allí les alcanzó la guerra cuando los japoneses atacaron la ciudad.

VEHICULOS BLINDADOS ALEMANES

Aunque los blindados alemanes que compró China no participaron en los combates del primer año del conflicto, tuvieron gran importancia durante el resto de la guerra.

D entro del programa de rearme alemán, se desarrolló un vehículo blindado 4x4 destinado a dotar a los batallones de exploración de las divisiones panzer y motorizadas con medios adecuados y cierta capacidad todoterreno. Las primeras unidades de este modelo entraron en servicio en 1935 bajo la denominación Sd.Kfz.221 (*Sonderkraftfahrzeug 221*, Vehículo Especial 221), armadas con una ametralladora MG-13 de 7.92 mm. Las autoridades militares germanas solicitaron la revisión del modelo para potenciar su armamento, así como el desarrollo de una versión de transmisiones, ya que estos medios debían operar muy por delante del grueso de la división a la que estaban subordinados. Al año siguiente entraron en servicio el Sd.Kfz.222, equipado con un cañón automático KwK 30 de 20 mm y una ametralladora coaxial MG-13 de 7.92 mm en una torre agrandada, y el Sd.Kfz.223, dotado con una llamativa antena en forma de marco sobre la barcaza que facilitaba el trabajo de la potente estación de radio FuG 10, con un alcance máximo de 40 km. Este último modelo conservaba la ametralladora MG-13 de 7.92 mm para su defensa cercana, al no ser su cometido el combate, pero esta vez un poco desplazada hacia atrás al emplear la misma barcaza de los Sd.Kfz.222 con torre agrandada. Durante la Segunda Guerra Mundial, los Sd.Kfz.222 y 223 recibieron mejores motorizaciones e incremen-

Fotografía del único Sd. Kfz.223 chino con la antena de marco plegada.

taron su blindaje hasta los 14 mm, con el fin de aumentar su supervivencia en el campo de batalla, pues estos dos modelos se continuaron fabricando hasta 1943 y enero de 1944, respectivamente.

Sd.kfz.221

Fabricante	Auto Union AG, Eisenwerk Weserhütte Otto Wolf GmbH, Maschinen Niedersachsen Hannover, Sichau Werke
Procedencia	Alemania
Armamento	1 Ametralladora MG-13 de 7.92 mm
Blindaje	5 a 8 mm
Motor	Horch de 75 C.V.
Velocidad	80 km/h
Autonomia	300 km
Peso	4 toneladas
Tripulacion	2

Sd.kfz.222

Fabricante	Auto Union AG, Eisenwerk Weserhütte Otto Wolf GmbH, Maschinen Niedersachsen Hannover, Sichau Werke
Procedencia	Alemania
Armamento	1 Cañón Automático de 20 mm KwK 30 L55 y 1 Ametralladora MG-13 de 7.92mm
Blindaje	5 a 8 mm
Motor	Horch de 75 C.V.
Velocidad	80 km/h
Autonomia	300 km
Peso	4,8 toneladas
Tripulacion	3

Al encontrarse entre las condiciones de la Tregua de Tanggu la desmilitarización de Shanghái, las autoridades chinas consideraron prudente trasladar parte de la industria local a otras regiones para resguardarla en caso de un nuevo intento japonés de tomar la ciudad. Entre las empresas afectadas se encontró el Arsenal Estatal de Shanghái, lo que impidió tanto el desarrollo de nuevos vehículos blindados como su producción bajo licencia, pese a la experiencia previa. Esta medida, sumada al atraso del resto del sector industrial —capaz de transformar uno o dos camiones en vehículos policiales—, llevó a recurrir a los mercados extranjeros para adquirir los medios adecuados con los que se equiparía a la unidad de reconocimiento del 1.er Batallón de Tanques. Por este motivo, junto a los Panzer I Ausf. A se adquirieron 15 vehículos blindados: dos Sd.Kfz.221, doce Sd.Kfz.222 —que formarían la espina dorsal de la unidad— y un Sd.Kfz.223. Teniendo en cuenta que la unidad estaba equipada en ese momento sólo con motocicletas, la adquisición de estos vehículos blindados representó una mejora indiscutible. A finales de 1937 llegaron a Nankín, en perfecto estado, donde les sorprendió la guerra cuando los japoneses asaltaron la ciudad.

Arriba. Vista del armamento de los Sd.Kfz.222.

Arriba. Blindados alemanes y sus tripulaciones durante la formación de la 200.ª División en 1938.

Abajo. Columna de blindados alemanes chinos durante la Campaña de Birmania.

Abajo. Otra fotografía del Sd. Kfz.223 chino, esta vez con la antena de marco desplegada.

Arriba. Otra vista de la torre y armamento de un Sd.Kfz.222.

Discrepancia, compras retenidas, casos unicos y un enigma

CV-35 Serie II del Ejército Nacional Revolucionario.

Tanque Renault ZB armado con el cañón Schneider Mle 1936 de 47mm. Estos tanques fueron empleados en la Campaña de Birmania tras una larga estancia en Indochina.

Según la mayoría de las publicaciones, en 1936 se compraron 18 tanquetas CV-33 italianas, de las cuales algunas se habrían enviado a Nankín —de acuerdo con las indicaciones sobre su armamento, serían de la Serie II o modernizaciones CV-33/35—, sin que se precise cuántas llegaron ni a dónde fueron a parar las restantes. Siguiendo este relato, estos vehículos despertaron un gran interés entre las autoridades militares chinas —debido a su superioridad en armamento, protección y fiabilidad mecánica con respecto a las británicas—, que solicitaron la compra de 94 ejemplares adicionales, en este caso del modelo CV-35 Serie II. Teniendo en cuenta que sólo existen registros de servicio y fotografías de estas últimas a partir de finales de 1937, lo más probable es que la comisión china inspeccionara tanquetas italianas CV-33 Serie II y CV-33/35, tras lo cual adquirió 94 CV-35 Serie II, como lo confirman las fotografías en las que se aprecian los nuevos visores para la tripulación de ese modelo. Este gran lote llegó a China a finales de 1937, lo que convirtió a la República de China en el tercer mayor usuario de esta tanqueta, tras Italia y España, que en ese momento, las utilizaba en su guerra civil, encuadradas en el Bando Nacional.

Para mantener los lazos comerciales y militares con Francia, la comisión china formalizó en marzo de 1936 la compra de 12 tanques ligeros Renault ZB y diez 10 Chenillette UE 2 —la versión francesa de las tanquetas Carden-Loyd, diseñadas para transportar el armamento pesado de su infantería mecanizada y motorizada—, además de repuestos y municiones. La configuración solicitada de los Renault ZB se dividía en seis unidades armadas con ametralladoras Hotchkiss Mle 1929 de 13.2 mm y otras seis con cañones Puteaux SA-18 de 37 mm, que posteriormente se decidió sustituir por el moderno y más potente Schneider Mle 1936 de 47 mm. En cuanto a las Chenillette, se decidió modificarlas al estándar de un prototipo presentado por Renault, armado con una ametralladora ligera, para así disponer de más medios de combate, ya que los chinos no estaban interesados en utilizarlas como transportes de armamento. Unos meses después, se añadieron al pedido cuatro Renault ZB adicionales, armados con ametralladoras de 13.2 mm, destinados a la Camarilla de Yunnan. Sin embargo, Francia también se encontraba inmersa en su propio proceso de rearme, al que se sumaron las constantes huelgas que atenazaban a su industria, por lo que el suministro de los 26 vehículos se demoró hasta 1938, cuando partieron rumbo al puerto de Haiphong, en la Indochina francesa. Afortunadamente para la Camarilla de Yunnan, sus cuatro tanques ligeros fueron despachados desde Haiphong hacia China y llegaron en octubre de ese año. En cambio, los 12 destinados al Kuomintang y las 10 Chenillette quedaron retenidas en Indochina por presión japonesa sobre las autoridades francesas, y allí permanecieron hasta 1940, cuando finalmente fueron entregados a los chinos vía Rangún. Con esto damos por concluida la historia de los vehículos italianos y franceses, al quedar fuera del periodo de esta obra.

Aunque en algunas publicaciones se menciona la adquisición de otros modelos de tanques, como los FIAT 3000 o dos Panzer I de mando, los únicos de los que queda algún registro son un Light Tank Mk.III y un Vickers Mk.E Type A, que probablemente fueron enviados a Nankín para su evaluación, pero no despertaron el interés de las autoridades militares chinas, por lo que no se formalizó la compra de más unidades. El

Las Chenillette UE 2 chinas se modificaron para disponer de más tanquetas.

Light Tank Mk.III en China. La cabeza tractora que se ve, es la del remolque sobre el que está cargado el Vickers Mk.E de la fotografía de la página 35.

Nankín, invierno de 1937-38. Tres tanques capturados por los japoneses, de izquierda a derecha, Vickers Mk.E Type B, Panzer I Ausf.A y el solitario Vickers Mk.E Type A.

destino del Light Tank Mk.III es completamente desconocido, ya que no se sabe si fue devuelto a los británicos, desguazado o destruido en combate cuando la ciudad cayó en manos japonesas. Sin embargo, de la única fotografía conocida del Vickers Mk.E Type A se deduce que fue capturado en Nankín por las fuerzas japonesas, al aparecer estacionado durante el invierno de 1937-38 junto a un Panzer I Ausf. A y un Vickers Mk.E Type B. Este último habría tenido una vida operativa más dilatada, pues se habría empleado como plataforma de instrucción.

Las tanquetas italianas participaron en la Segunda Guerra Chino-Japonesa a partir de 1938.

Finalmente, entre las fotografías existentes de la caída de Nankín, hay una en la que aparece un vehículo destruido a las afueras de la ciudad, cuya silueta de la barcaza y la torre parece coincidir con la de un vehículo blindado austriaco ADGZ. Se trata de un enigma difícil de esclarecer, ya que no existe constancia de que ningún ADGZ se vendiese a China. No obstante, no puede descartarse que fuera enviado por el III Reich para evaluar si interesaba a las autoridades chinas, con el fin de dar salida a los ejemplares heredados de los austriacos tras el Anschluss, lo que modificaría la cifra de los vehículos fabricados conocida hasta ahora al añadirse este a los 26 de los que se apoderaron los alemanes. Otra posibilidad, por descabellada que parezca, sería que el vehículo hubiese sido construido por los propios chinos, lo cual abriría muchas más incógnitas: ¿quién lo fabricó?, ¿dónde se fabricó?, ¿les facilitaron los planos del ADGZ los austriacos o los alemanes?, ¿o se inspiraron en algún otro vehículo de cuatro ejes para realizarlo?

Chiang Kai-shek durante su visita a la recién formada 200.ª División. Puede apreciarse los nuevos visores que equipaban a las tanquetas CV-35 Serie II.

Enigmático vehículo blindado chino destruido a las afueras de Nankín. Su silueta parece coincidir con la del ADGZ austriaco.

EL CUERPO BLINDADO DEL EJERCITO

Con las nuevas compras de armas y equipos realizadas en Europa, se formó una nueva unidad con estructura de brigada a partir del 1.er Batallón de Tanques, que recibió el nombre de Cuerpo Blindado del Ejército. En mayo de 1937, la nueva unidad presentaba la siguiente estructura:

Zündapp K 800 con sidecar para el transporte de una ametralladora pesada.

PaK 36 del Ejército Nacional Revolucionario.

• Mando (general de brigada Du Yuming).

- Batallón de Tanques. Formado por sus tres compañías originales, cada una fue reforzada con un pelotón de reconocimiento y enlace equipado con 12 motocicletas, tanto con sidecar como sin él, además de una columna de suministros compuesta por 10 camiones. Para potenciar aún más la capacidad logística del batallón, se creó una 4.ª Compañía equipada con más camiones.

• Batallón Suplementario. Formado por tres compañías de infantería motorizada equipadas y entrenadas al estilo germano.

• Batallón de Reconocimiento. Formado por dos compañías, cada una de ellas estaba equipada con 36 motocicletas —con y sin sidecar— y algunos camiones. Las motocicletas de la 1.ª Compañía eran Harley-Davidson, mientras que las de la 2.ª eran Zündapp.

• Batallón de Artillería Anticarro. Formado por cuatro compañías con seis piezas cada una. Las tres primeras estaban equipadas con cañones PaK 36 de 37 mm germanos, mientras que la cuarta contaba con piezas Böhler de 47 mm.

• Batallón de Artillería Antiaérea. Armado con piezas Bofors M1929 de 75 mm. En junio de 1937 se decidió retirarlo del Cuerpo Blindado del Ejército para dedicarlo a labores de instrucción, cometido que desde entonces compaginaría con la defensa antiaérea de Nankín.

• Batallón de Preparación. Destinado a la formación de nuevas tripulaciones de tanques. También cumplía funciones como reserva acorazada.

Parte del Ejército Nacional Revolucionario se encontraba muy germanizado.

Tanqueta Carden-Loyd Mk.VI de la 3.ª Compañía antes de la llegada de los Panzer I germanos.

• Batallón de Entrenamiento de Artillería Anticarro. Formado por tres compañías con seis piezas PaK 36 cada una. Su labor era la formación de artilleros especializados en combate contracarro.

• Unidades de apoyo (transmisiones, mantenimiento, suministros y sanidad).

Una vez retirado el Batallón de Artillería Antiaérea, el grupo de combate del Cuerpo Blindado del Ejército estaba formado por cuatro batallones de distintas armas, que contaban con una potencia de fuego más que respetable y excelente movilidad, ya que todos estaban motorizados. Sin embargo, el estado en que llegaron los Panzer I Ausf. A sólo permitió sustituir a las tanquetas Carden-Loyd de la 3.ª Compañía del Batallón de Tanques para que sus hombres se familiarizaran con ellos, lo que representó una cierta disminución en la capacidad acorazada de la unidad. En cuanto a la formación de nuevos tripulantes, esta quedó garantizada gracias a los 12 tanques procedentes de la Escuela de Transporte —se incluye el Vickers Mk.E Type A mencionado anteriormente— y a las tanquetas Carden-Loyd, que se repartieron entre la Escuela de Mecanización y el Batallón de Preparación.

La forma inesperada en que se iniciaron las hostilidades impidió una mejor formación y cohesión del Cuerpo Blindado del Ejército, que tampoco pudo contar con las 94 CV-35 Serie II ni con los medios franceses y los vehículos blindados germanos, con los que se habría activado la 3.ª Compañía del Batallón de Reconocimiento. A pesar de esto, desde la llegada al poder del Kuomintang se había realizado un gran esfuerzo por mejorar las Fuerzas Armadas, y los medios acorazados recibieron una especial atención, como se ha ido observando, pues, partiendo de los Renault FT-17 fengtianos y de unos pocos coches blindados heredados de la Era de los Señores de la Guerra, se realizaron una serie de compras con las que se dotó a la República de China de una cantidad respetable de medios acorazados, con la que muchas naciones de la época no contaban (ver tabla I).

Tabla I. Compras realizadas por la Republica de China entre 1928-36

Tanques		Tanquetas		Vehiculos blindados	
Vickers-Carden-Loyd	21	Carden-Loyd Mk.VI	53	Arsenal de Shanghái	6
Vickers Mk.E Type A	1	CV.35 Serie II	94	Sd.kfz. 221	2
Vickers Mk.E Type B	20	Chenillette UE 2 modificadas	10	Sd.kfz. 222	12
Panzer I Ausf. A	15			Sd.kfz. 223	1
Renault ZB	12			Posible ADGZ	1
Totales	**69**		**157**		**22**

Varios tanques Vickers-Carden-Loyd fueron capturados por los japoneses, que los emplearon posteriormente contra los chinos.

Arriba. El Cuerpo Blindado del Ejército era una unidad completamente motorizada, como se puede apreciar en esta fotografía del Batallón de Artillería Anticarro.

Motociclistas del Batallón de Reconocimiento.

Aunque tras el incidente del Puente de Marco Polo existía una tregua nominal, continuaban produciéndose numerosas violaciones del alto el fuego por ambas partes, hasta que fue ratificado oficialmente el 11 de julio de 1937 por los gobiernos chino y japonés. El interés inicial de Japón por la paz se debía a informes de altos mandos que advertían sobre la falta de preparación para una guerra con China, la cual obligaría a retirar tropas de Manchuria y debilitaría su posición frente al creciente poder militar soviético en el Lejano Oriente. Sin embargo, las negociaciones para alcanzar un acuerdo de paz fueron saboteadas por los sectores más belicistas, que lograron reactivar el envío de refuerzos el 20 de julio. Cinco días después, los japoneses se lanzaron a la ofensiva para apoderarse de Tianjin y Pekín, que cayeron el 30 de julio y el 8 de agosto, respectivamente. Para entonces, en la zona ya disponían de más de 180 000 hombres con amplio apoyo de artillería, tanques y aviación. Tras estas victorias, el gobierno japonés marcó el río Yongding como línea de demarcación e inició nuevas conversaciones de paz, esta vez interesado en evitar una guerra total.

Tropas japonesas entran en Pekín.

«Una dama en apuros», publicada en diciembre de 1937 en la revista *Texie*. La situación de China era más grave que la representada en este dibujo de Zhang Leping.

El cuerpo blindado del ejercito es movilizado

El general Du Yuming formó estas tres agrupaciones de acuerdo a las órdenes recibidas:

- Con destino al Norte de China: Batallón de Entrenamiento de Artillería Anticarro.

- Con destino a Shanghái: 1.ª, 2.ª y 4.ª compañías del Batallón de Tanques, Batallón de Reconocimiento, Batallón de Artillería Anticarro y las unidades de apoyo. La 1.ª Compañía fue reforzada con 29 tanquetas Carden-Loyd y la 2.ª Compañía con 17. En cuanto a las siete tanquetas Carden-Loyd que faltan —recordemos que se compraron 53—, lo más probable es que se tratara de las más baqueteadas entre las primeras adquiridas, que fueron canibalizadas.

Japoneses, chinos y occidentales fortificaron los sectores clave de sus posiciones en Shanghái.

- Nankín: 3.ª Compañía del Batallón de Tanques, Batallón Suplementario y Batallón de Preparación.

Ante la ofensiva japonesa, se enviaron refuerzos hacia el norte de China para rehacer el frente y contener un posible avance. Paralelamente, se trasladaron a Shanghái tres divisiones de élite —nos referiremos así a las organizadas y entrenadas según los estándares alemanes—, dos regulares y una reorganizada, que contarían con el apoyo de la mayor parte de la aviación y del Cuerpo Blindado del Ejército. Mientras esta concentración de fuerzas se desarrollaba, el 1 de agosto se iniciaron en la ciudad negociaciones para un tratado de paz local, auspiciado por británicos, estadounidenses, franceses e italianos, con el fin de evitar combates como los de 1932, que tanto afectaron a las actividades económicas en esta importante ciudad comercial e industrial. Su relevancia no se debía sólo a su importancia económica, sino también a su valor estratégico, ya que allí estaba asentada, desde 1927, una guarnición japonesa que constituía una amenazante cabeza de puente dirigida a la capital y el centro de China.

Batalla de Shanghái

El 13 de agosto se reanudaron las hostilidades cuando tropas chinas intercambiaron disparos con fuerzas japonesas en Shanghái, lo que hizo que se perdiera el factor sorpresa. Los japoneses respondieron con una pequeña ofensiva y con bombardeos desde sus barcos fondeados en los ríos Yangtsé y Huangpu. A la mañana siguiente, aviones chinos comenzaron a bombardear las posiciones japonesas en los barrios de Hongkou y Yangshupu para ablandarlas antes del ataque que realizó por la tarde el Ejército Nacional Revolucionario. Convencidos de que obtendrían una victoria rápida gracias a su superioridad numérica, los chinos esperaban conseguir los siguientes objetivos con el traslado del conflicto a Shanghái: eliminar la cabeza de puente, impresionar a las potencias occidentales para atraer su apoyo y aliviar la presión sobre el norte de China, obligando a los japoneses a centrarse en un teatro de operaciones que los chinos consideraban desfavorable para ellos. Los combates se prolongaron hasta el 18 de agosto con pocos avances a costa de muchas bajas, debido a la excelente red de fortificaciones japonesas, pero esto no desanimó a los chinos, que planearon un nuevo ataque para el día siguiente.

Las fuerzas del Cuerpo Blindado del Ejército permanecieron en reserva hasta que se solicitó su apoyo para el ataque del 19 de agosto, en el que las 36.ª, 87.ª y 98.ª divisiones de infantería atacaron el flanco derecho japonés. El esfuerzo principal lo llevó a cabo un regimiento de la 87.ª División de élite con el apoyo de tanques que, desde los alrededores de la fábrica de algodón Gongda, avanzarían hasta el río Huangpu para capturar el muelle de Huishan. La maniobra tenía como objetivo cortar en dos las posiciones japonesas y dejar aislado el barrio de Hongkou, que caería como fruta madura al quedar privado de suministros y refuerzos. Para la operación se asignaron los Vickers Mk.E Type B de la 1.ª Compañía, por ser los mejor armados.

A pesar de los esfuerzos por germanizar al Ejército Nacional Revolucionario, este continuaba siendo una heterogénea mezcla de unidades con distinto equipamiento.

En un primer momento, el avance progresó bien, pero el intenso fuego de artillería y la eliminación de los puntos fuertes japoneses se cobraron numerosas bajas entre los hombres de la 87.ª División de élite y dañaron dos tanques. Ante esta situación, se decidió esperar a la noche para reanudar el ataque y así minimizar el efecto de la artillería enemiga; este se llevaría a cabo por dos calles. El avance volvió a ser exitoso en un principio, pero la infantería china no logró mantener el ritmo de los dos grupos de tanques, que se vieron obligados a detenerse para esperarla. Con las municiones prácticamente agotadas, los vehículos dañados y sin señales de que el grueso de la infantería llegara a sus posiciones, el capitán de la compañía descendió de su vehículo para co-

Curtiss Hawk III chinos. La Fuerza Aérea China contaba con 645 aparatos al principio de la guerra, de los que unos 300 eran de combate.

municarse con algún grupo de soldados chinos cercano, pero fue abatido. Acosados por la artillería —que se cobró dos tanques— y las tropas japonesas, los Vickers Mk.E Type B no tuvieron más remedio que iniciar la retirada para contactar con su infantería. Durante la retirada, uno de los tanques quedó atascado en el barro de una charca, y la tripulación lo abandonó. En el transcurso de los combates, dos Vickers Mk.E Type B fueron destruidos y uno capturado, los restantes necesitaban reparaciones.

La noche del 21 de agosto, los cinco Vickers Mk.E Type B que aún quedaban operativos volvieron a apoyar un ataque en el mismo sector, esta vez llevado a cabo por un regimiento de la 36.ª División de élite, que atacaría por dos calles. Divididos en un grupo de tres tanques y otro de dos, avanzaron bajo intenso fuego, rompiendo varias líneas de defensa. El grupo de tres tanques se enfrascó en duros combates con los infantes de marina japoneses, durante los cuales resultó herido gravemente el jefe de sección que los mandaba. Para cubrir la baja, el capitán de la 2.ª Compañía, que había asumido el mando de la mermada unidad, ocupó el puesto del oficial herido en el tanque de mando. Nuevamente, la infantería quedó rezagada, lo que no impidió al grupo de dos tanques llegar hasta las proximidades del muelle de Huishan, donde, con el muelle a la vista, el crucero *Izumo* abrió fuego sobre ellos. Por su parte, el grupo de tres tanques fue emboscado por cañones anticarro, que alcanzaron al vehículo del nuevo jefe de la compañía, pereciendo toda la tripulación. De los cuatro restantes, tres regresaron a las líneas chinas, aunque las fuentes consultadas no indican si el otro se perdió por el fuego anticarro o por el crucero *Izumo*.

Durante la retirada del ataque nocturno del 19 de agosto uno de los tanques se desorientó y quedó atascado en esta charca.

El crucero Izumo fondeado en Shanghái en 1937. Durante la batalla sufrió frecuentes ataques de la aviación china y apoyó con sus cañones a las fuerzas terrestres japonesas.

El 23 de agosto, dos divisiones japonesas desembarcaron al norte de la desembocadura del río Huangpu, lo que obligó a los chinos a pasar a la defensiva. Como consecuencia, perdieron la oportunidad de alcanzar una victoria rápida que habría tenido un impacto internacional. El Cuerpo Blindado del Ejército fue entonces enviado a luchar contra la cabeza de playa, donde sufrió numerosas bajas. El 22 de septiembre se ordenó a Du Yuming retirarse a Xiangtan (provincia de Hunan), operación que se complicó por la escasez de combustible y la falta de transporte ferroviario.

Durante las operaciones en Shanghái, de los 16 Vickers Mk.E Type B de la 1.ª Compañía, cinco se perdieron y ocho resultaron gravemente dañados, muchos de los cuales no pudieron ser reparados. También participaron en los combates los cañones del Batallón de Artillería Anticarro, que sufrió numerosas bajas. A cambio, se reclamó la destrucción de 17 tanques y vehículos blindados japoneses. Sin embargo, no se tienen registros de la actuación de las otras unidades en Shanghái ni de la intervención del

Foto de propaganda japonesa donde recrean la destrucción del tanque donde falleció el capitán de la 2.ª Compañía junto a su tripulación la noche del 21 de agosto.

BATALLA DE SHANGHÁI

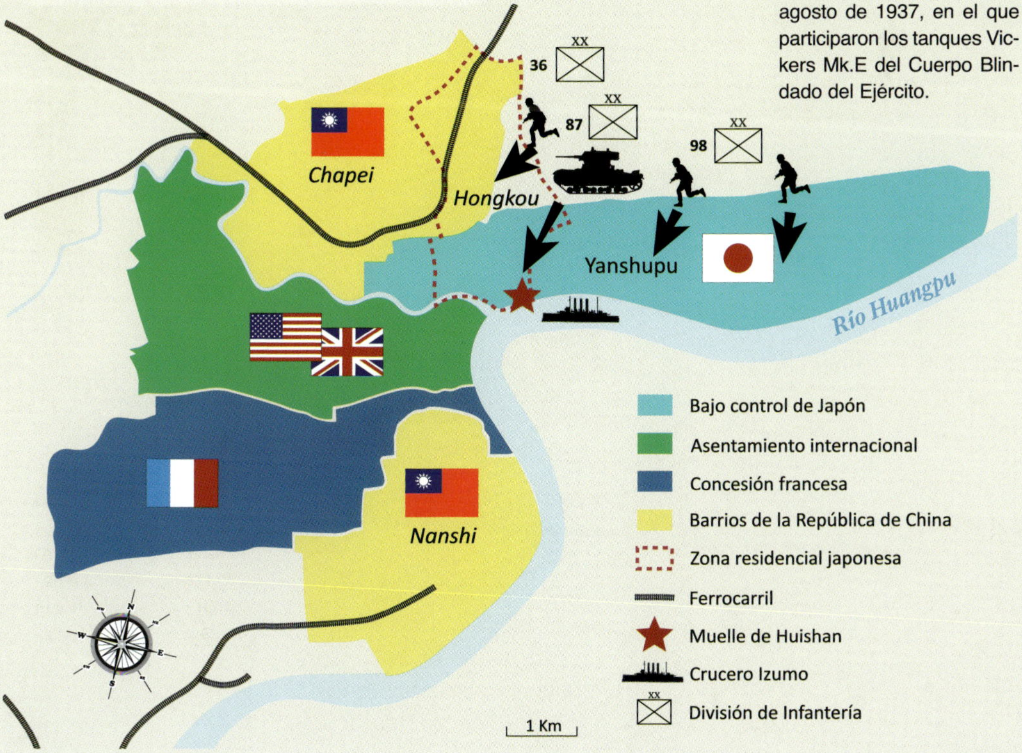

Ataque chino del 19 al 21 de agosto de 1937, en el que participaron los tanques Vickers Mk.E del Cuerpo Blindado del Ejército.

Chapei

Hongkou

36

87

98

Yanshupu

Río Huangpu

Nanshi

Bajo control de Japón

Asentamiento internacional

Concesión francesa

Barrios de la República de China

Zona residencial japonesa

Ferrocarril

★ Muelle de Huishan

Crucero Izumo

División de Infantería

1 Km

57

Cuerpo Blindado del Ejército en los combates contra la cabeza de playa de la bahía de Hongzhou, donde las bajas de las tanquetas Carden-Loyd debieron ser considerables, ya que apenas se las menciona en los informes posteriores. El 26 de noviembre concluyó la batalla por Shanghái y sus alrededores, tras más de tres meses de sangrientos combates en los que participaron más de un millón de combatientes, con unas 333 500 bajas chinas y más de 98 000 japonesas, entre muertos, heridos y prisioneros. Si bien se logró alejar la guerra del norte, atraer la simpatía de la opinión pública occidental y ganar tiempo para trasladar numerosas fábricas vitales al interior de China, todo esto se consiguió a costa de perder las mejores tropas del Ejército Nacional Revolucionario y dejar expuesto Nankín al avance japonés.

Arriba y abajo. Infantes de marina japoneses recuperan un Vickers MK-E B chino nacionalista en Shangai, el 22 de agosto de 1937.

Batalla de Nankín

Con Shanghái a punto de caer, los japoneses comenzaron la persecución de las unidades chinas que se retiraban de la ciudad y sus alrededores el 11 de noviembre, iniciando así su avance sobre Nankín. Chiang Kai-shek no deseaba presentar batalla en la capital, ya que carecía de valor estratégico y su defensa requeriría una enorme cantidad de tropas, pero la presión de la opinión pública lo obligó a cambiar de postura. Ante los bombardeos de la aviación japonesa, se comenzó a evacuar a la población civil, medida que permitió salvar a 960 000 personas de los siniestros sucesos ocurridos tras su caída. El 20 de noviembre, el gobierno chino anunció el traslado de la capital a Chongqing (provincia de Sichuan). Los cerca de 81 000 defensores, de los que aproximadamente el 80% eran reclutas nuevos, contaban inicialmente con el apoyo de 27 o 28 tanques y 17 o 18 vehículos blindados. De estos medios, sólo está confirmada la evacuación de los 15 blindados de la 3.ª Compañía del Batallón de Reconocimiento, sin que pueda descartarse que también se evacuara algún vehículo más.

Vickers-Carden-Loyd abandonados tras la caída de Nankín.

La noche del 4 al 5 de diciembre, con los japoneses ya en los suburbios de Nankín, los cinco Panzer I Ausf. A de la 1.ª Sección se dirigieron a Chunhua para participar en una contraofensiva local, llevada a cabo por la 51.ª División de Infantería con el objetivo de liberar a elementos propios que habían sido cercados en la población. El relevo de las tropas chinas parece que se logró, pero la división tuvo que retirarse para evitar ser embolsada tras cuatro horas de duros combates, durante los cuales se perdieron tres tanques. El 7 de diciembre le tocó el turno a los panzer de las otras dos secciones, que fueron enviados como refuerzo a uno de los regimientos de la 36.ª División de élite. Al día siguiente, con el apoyo de seis de los tanques, se realizó una ofensiva para recuperar la población de Tangshui, que fue retomada. El contraataque de la 16.ª División de Infantería japonesa hizo insostenible la posición, que tuvo que ser abandonada tras perderse dos panzer por el intenso fuego de la artillería nipona. Más suerte tuvieron tres panzer al día siguiente, cuando emboscaron en las proximidades de Chunhua a un grupo de soldados de la 9.ª División de Infantería japonesa, a los que ametrallaron a placer hasta que iniciaron la huida.

En el trascurso de la persecución, tropezaron con el cuartel general de la 18.ª Brigada de Infantería japonesa, en el que entraron disparando sus ametralladoras contra todo lo que se moviera. Tras infligir un centenar de bajas —entre ellos un grupo de periodista japoneses— y destruir un cañón de montaña, los panzer se retiraron a sus líneas.

Los diez Panzer I Ausf. A supervivientes, replegados al interior de Nankín, no volvieron a participar en combates hasta la noche del 10 de diciembre, cuando cinco de ellos apoyaron el contraataque

Arriba y abajo. En Chunhua fueron capturados, en la ribera del río Yangtsé, varios carros de combate alemanes Panzer I Ausf. A del ejército chino. Fueron enviados a Tokio para su exhibición pública.

Página siguiente, arriba. Panzer I capturado por los japoneses en los suburbios de Nankín, posiblemente uno de los que participó en el ataque a Tangshui.

Página siguiente, centro. Soldados japoneses posan junto al Panzer I de la valiente tripulación que regresó a Nankín para continuar la lucha.

Página siguiente, abajo. Blindado del Arsenal de Shanghái M1929 del Regimiento de Servicio Especial del Comité Militar del Gobierno Nacionalista tras los combates de Nankín.

contra la Puerta de Zhonghua, por donde habían penetrado dos compañías japonesas. Una vez sellada la brecha, los hombres de la 3.ª Compañía del Batallón de Tanques permanecieron en reserva hasta que, dos días después, se emitió la orden de retirada general. En el caos que siguió, las tropas de la 36.ª División de élite, que custodiaban el acceso al puerto de Xiaguan, en el río Yangtsé, abrieron fuego contra los sol-

dados en retirada, ya que no habían sido informados de la orden de retirada. Para romper el bloqueo, uno de los panzer embistió sus posiciones, pero fue puesto fuera de combate con granadas de mano. Tras aclararse la situación, se logró acceder a la zona portuaria, que se encontraba abarrotada de fugitivos civiles y militares.

Ante la imposibilidad de conseguir transporte, los hombres de la 3.ª Compañía no tuvieron más remedio que cruzar el río Yangtsé sin sus tanques. Sin embargo, una de las tripulaciones se negó a retirarse, por lo que buscó municiones y combustible para reabastecer su panzer. Una vez logrado, regresaron al interior de la ciudad, donde socorrieron a un grupo de artilleros chinos rodeados, que lograron abrirse paso hacia el río gracias al fuego de sus ametralladoras. Acosado

por la infantería japonesa, avanzó hasta un edificio gubernamental próximo, donde tras agotar las municiones, los tripulantes salieron del vehículo disparando sus pistolas, pero fueron rápidamente abatidos.

Según las fuentes y fotografías existentes, se ha podido confeccionar la siguiente tabla, en la que se muestran los tanques y blindados disponibles antes de la batalla y sus bajas confirmadas.

Tabla II. Tanques y blindados en la batalla de Nankín			
TANQUES		**Bajas**	**Posibilidades discrepancia de cifras**
Panzer I Ausf. A	15	15	
Vickers Mk.E Type A	1	1	
Vickers Mk.E Type B	4	1	Evacuación
Vickers-Carden-Loyd	5	2	Evacuación
Renault FT-17	2	1	Evacuación
Light Tank Mk.III	0 o 1	?	Evacuación, devolución a Reino Unido o desguace
Total	**27 o 28**	**20**	
BLINDADOS			
Arsenal de Shanghái	1 o 2	1	Haber sido dado de baja antes de la guerra
Posible ADGZ	1	1	

De los 15 Panzer I Ausf. A, seis fueron destruidos —incluido el que fue puesto fuera de combate por la 36.ª División de élite—, ocho abandonados en las orillas del Yangtsé —de los que tres fueron incendiados por su tripulación— y uno abandonado dentro de la ciudad, después de que su valiente tripulación fuera abatida. Sin embargo, no se tiene constancia de que participaran en los combates los restantes tanques, encuadrados en la Escuela de Mecanización y el Batallón de Preparación, lo cual resulta muy probable, dado el buen estado en que aparecen en las fotografías japonesas tras su captura. En estas imágenes se observa que fueron capturados el único Vickers Mk.E Type A, un Vickers Mk.E Type B, dos tanques anfibios Vickers-Carden-Loyd y un Renault FT-17, los cuales figuran en la tabla como bajas confirmadas. En cuanto a los blindados del Arsenal de Shanghái M1929, uno aparece en una fotografía japonesa con daños visibles, lo que indica que al menos uno seguía operativo en esas fechas, aunque se desconoce su participación en los combates. Por último, tenemos el posible ADGZ, cuya fotografía confirma que fue destruido a las afueras de Nankín.

Exposición de tanques chinos capturados, Estadio Hanshin Koshien de Nishinomiya, febrero de 1939. Estos fueron exhibidos en varias ciudades japonesas.

Arriba. Los T-26 soviéticos dieron el impulso definitivo a la formación de la 200.ª División.

Abajo. Los Vickers Mk.E Type B supervivientes, como el de la imagen, fueron desplazados de la 200.ª División a labores de formación con la llegada de los T-26.

Renacimiento

Tras las batallas de Shanghái y Nankín, el Cuerpo Blindado del Ejército prácticamente desapareció como unidad. De su componente acorazado sólo sobrevivieron un puñado de Vickers Mk.E Type B y una cantidad desconocida de tanques anfibios Vickers-Carden-Loyd; el resto de sus unidades se encontraba en condiciones igualmente deplorables, con la excepción de la 3.ª Compañía del Batallón de Reconocimiento, que fue evacuada a tiempo. Esto no desanimó a los chinos, que, gracias a las 94 tanquetas CV-35 Serie II, nuevos equipos y reclutas, ampliaron la unidad, convirtiéndola en la 200.ª División en enero de 1938. Su impulso definitivo llegó con la ayuda soviética, conseguida tras la firma del Pacto de No Agresión Chino-Soviético, el 21 de agosto de 1937, gracias a la cual recibió 82 tanques T-26 y unos 50 vehículos blindados. En mayo de 1938, la nueva división entró en combate.